社会主义核心价值体系建设
"双百"出版工程

项 目

/ 100位

新中国成立以来感动中国人物/

邓 稼 先

魏 丛/编著

吉林文史出版社

《100位新中国成立以来感动中国人物》丛书

编 委 会

主　任	何建明　蒋建农　高　磊
副主任	孙云晓　徐　潜　张　克　王尔立
编　委	王久辛　杨大群　黄晓萍　申　剑
	褚当阳　刘玉民　王小平　相南翔
	夏冬波　刘忠义　高　飞　陈　方
	阿勒得尔图　陈富贵

前　言

　　每个人的心中都多少有一点英雄情结，都向往英雄、景仰英雄。也正因此，在中华人民共和国建国六十周年之际，由中央十一部委联合组织开展的"100位为新中国成立作出突出贡献的英雄模范人物和100位新中国成立以来感动中国人物"的评选活动中，群众参与投票总数近一亿。这其中的每一张选票，都表达了人们对英雄模范的崇敬之情，寄托着对伟大祖国的美好祝福。

　　一个民族不能没有英雄，否则这个民族就不会强大。当国家危难之时，懦弱者选择了逃避、妥协甚至投降，英雄们却挺身而出，用热血捍卫民族的尊严，人民的幸福。在创立和建设新中国的伟大历程中，涌现出无数可歌可泣的英雄模范人物。他们之中，有为了民族独立和人民解放而英勇牺牲的革命先烈，有为了党和人民的事业而不懈奋斗的优秀共产党员，有在全民族抗战中顽强奋战、为国捐躯的爱国将士，有英勇杀敌的战斗英雄和革命群众，有积极从事进步活动的著名民主爱国人士和国际友人……他们是民族的脊梁、祖国的骄傲，是激励全体人民团结奋斗的精神力量。

　　《100位新中国成立以来感动中国人物》丛书，就像一部星光璀璨的英雄谱，真实、完整地记录了英雄模范人物不平凡的一生，再现了他们非凡的人格魅力和精神世界。舍身堵枪眼的黄继光，拼命也要拿下大油田的王进喜，中国原子弹之父邓稼先，新时期领导干部的楷模孔繁森……一串串闪光的名字，一个个动人的故事，犹如群星闪烁，光耀中华。

　　当今中国正处于伟大变革的时代，迫切需要涌现出一大批勇于承担历史使命、为祖国和人民奉献一切的先进人物。在"双百"人物崇高精神的引领下，在建设社会主义现代化国家的征程中，必将英雄辈出。

生平简介

邓稼先于 1924 年 6 月 25 日，生于安徽省怀宁县。1925 年随父母迁居北京。先后在北京市武定侯小学、北京市志成中学、北京市崇德中学、四川江津中学读书。1941 年考入昆明市西南联合大学物理系，于 1945 年在该校毕业。1946 年在北京大学物理系任教。1948 年考入美国普渡大学物理系，1950 年 8 月获该校物理学博士学位。

1950 年 9 月回国后，在中国科学院近代物理所任助理研究员，1952 年晋升为该所副研究员。1954 年任中国科学院数学物理化学部副学术秘书。

1958 年调入新筹建的核物理研究所，任理论部主任，领导核武器的理论设计。1964 年 10 月 16 日，参与并指导了我国第一颗原子弹的爆炸试验。1967 年 6 月 17 日，参与并指导了我国第一颗氢弹的爆炸试验。

1972 年，任核工业部第九研究院副院长，1979 年，任该院院长。1980 年，当选为中国科学院院士（原称学部委员）。

1982 年，获全国自然科学一等奖。1984 年被评为国家级有突出贡献的专家。1986 年 5 月任核工业部科技委副主任。

1986 年 5 月，获国家自然科学一等奖；获国家科学技术进步奖特等奖。同年 7 月 17 日，被国务院授予全国劳动模范称号，荣获全国劳动模范奖章。

1986 年 7 月 29 日，于北京逝世，享年 62 岁。

1987 年，逝世一周年，获国家科学技术进步特等奖；

1989 年，逝世三周年，再获国家科学技术进步特等奖；

1999 年，逝世十三周年后，被追授"两弹一星功勋奖章"。

1924-1986

[DENGJIAXIAN]

◀ 邓稼先

目录 MULU

奋勇向前，强我中华！（代序）

大漠荒原，属于过去，也属于现在。岁月悠悠，淹没了多少昔日大漠的雄姿；今日，它成为一代原子人——两弹元勋邓稼先等一代英模驰骋的战场。

自从邓稼先被选定从事原子核事业的时刻起，就注定他与大漠荒原的不解之缘。在他看来，不向往大漠荒原的人就不是一个真正的原子人。大漠荒原是原子人施展抱负的战场，大漠荒原也是塑造原子人的课堂。为了国家疆土的安全，我们的祖先曾在大漠之上挥戈跃马，建功立业，很多先人马革裹尸，献出了宝贵的生命。今天，邓稼先等我国第一代原子人，为了祖国的安全、人民的幸福，决心要把"两弹"研制出来。在邓稼先看来，就是献出自己的生命也是值得的。为此，邓稼先，这位中国核武器理论设计的总负责人，在祖国的大漠边陲隐姓埋名达二十八年之久。

在一次核武器试验中，邓稼先遭受到了极为严重的钚239的辐射伤害，放射线摧垮了他的健康防线，使体内的癌细胞空前活跃起来，它们疯狂地吞噬着这个钢铁般汉子的生命。面对死神，邓稼先所感到的不是心悸和恐惧，而是超脱于生死之外的冷静与平和，这是勇士的豪情，这是挑战死亡的神圣。

一位革命家说过："绝美的风景多在奇险的山川，高尚的生命常在牺牲之中。"邓稼先在生命的关键时刻迸发出的火花，充分展示出了其生命之高尚。

　　翻开百年近代史，写满了中华民族受世界列强侵略、欺侮的屈辱史实。"强我中华"一直是一代又一代炎黄子孙魂牵梦绕的追求。中华人民共和国的成立，结束了中华民族的屈辱史，强国梦正在逐渐变为现实。我们已经成为拥有现代核武器的军事大国，我们的综合国力也在不断增强。正因为如此，当冷战结束后，特别是另一个超级大国苏联解体后，美国便把中国看成它潜在的敌手，看成是它在世界范围内推行强权政治、霸权主义的障碍。在强权政治横行的世界上，赢得尊严是多么不容易！从而进一步激起了全国人民特别是青少年一代"强我中华"的决心和行动。在这样的形势下，我们把《邓稼先》一书奉献给青少年朋友们，一定会激励大家像邓稼先那样，把自己的知识和力量无私地奉献给祖国，使我们的祖国更加繁荣昌盛。

　　邓稼先作为一个伟大的生命，眷恋着永远干不完的核事业离去了；眷恋着伟大的祖国离去了；眷恋着为他所热爱的生活离去了！邓稼先高尚的精神境界，传递给我们的是对人生、对历史、对国家的责任感和使命感。我们要踏着先辈的足迹，继续先辈未竟的事业奋勇向前，"强我中华"！

学习知识，报效祖国

→ 秀实于中华大地

★ ★ ★ ★ ★

邓以蛰说："'稼先'这个名字内蕴很深，预示我们的儿子根植于中华大地，并且秀实于中华大地，成为造福民众的沧海之一粟。"

1924 年 6 月 25 日，邓稼先降生于安徽省怀宁县白麟坂镇。

白麟坂镇是一个颇具古风的老镇。一条条街道大多用青石板铺就，一座座有着徽派建筑风格的店铺，风风雨雨几百年，还可以清楚地看出明清时期的繁华景象。

邓氏家族的宅第建于平坂之中，一面濒临凤河，三面被龙山、龟山、白麟山环抱。邓家宅院的格局是，后面一排木质结构的高屋，前面一片敞厅、曲廊连着一座精巧的池塘和小园林。起居和游闲于一体，人和自然相融，这是一所典型的江南老宅。

邓氏家族在这古镇上，是智慧和富有的象征。

邓稼先的祖父邓艺荪，于民国元年曾任安徽省教育司长，与苏曼殊等名士是情投意合的挚友，在安徽

学界享有盛誉。邓稼先的父亲邓以蛰，字叔存，自幼接受
父辈的严格家教，苦读诗书，工画山水。1907 年，邓以蛰
刚满 15 岁便东渡日本留学，在东京早稻田大学攻读文学；
一年以后，赴美国纽约哥伦比亚大学攻读哲学。1913 年邓
以蛰学成回国，被聘为北京大学哲学系教授。这期间，邓
以蛰在《晨报》、《新青年》等我国早期进步报刊上发表了

许多文章，文笔奔放，见解独到，给学术界、思想界乃至文学界吹来一股清新之风。

邓稼先的母亲王淑蠲女士，聪颖贤淑。她为人宽厚，她还把娘家陪嫁的布匹拿出来给用人做衣服。人们夸奖她是一个宽宏大度、仗义疏财的好人。王淑蠲还是这个古镇上最美丽的女人。

王淑蠲和邓以蛰于 1914 年和 1918 年生下两个女儿之后，于 1924 年 6 月 25 日在"铁砚山房"生下了他们的长子稼先。

为了给他们的长子取名，知识高深的邓以蛰颇费了一番心思。邓以蛰在室内踱着步子，他走到窗前停下来，遥望夏日郁郁葱葱的田野，刚刚吐穗的稻谷在微风中起伏着。邓以蛰眼神一亮说道：

"我们的儿子就取名'稼先'吧！古人说，禾之秀实，而在野曰'稼'。'稼'，就是在田野已经秀穗结实之禾。叫稼先如何？"他说："'稼先'这个名字内蕴很深，预示我们的儿子根植于中华大地，并且秀实于中华大地，成为造福民众的沧海之一粟。"

淑蠲赞赏地点了点头。

"稼先"，是父辈的祈盼，也是父辈的良好祝愿。稼先大半个世纪的足迹证明，他确实是一株植根于中华大地的秀禾，一株默默无闻地造福于中华大地的秀禾。他没有辜负父辈的心愿。

邓以蛰在清华大学任教。1925 年，他趁回家度假之机，将妻子儿女接到北京定居。当时，邓稼先刚满八个月。

邓稼先的第二故居北京丰盛胡同北沟沿甲 12 号，是一座有着明清建筑风格的四合院。

1929 年，邓稼先刚满 5 岁，便背起了书包在大姐姐邓仲先的带领下，走进了北京市武定侯小学。

邓以蛰不仅要稼先熟读中国的四书、五经，同时也买来许多外国名著，诸如莫泊桑、屠格涅夫、陀思妥耶夫斯基以及童话作家盖达尔的童话故事等，推荐给他阅读。在父亲推荐给稼先的屠格涅夫的《爱之路》中，关于描写小鸟和猎人故事的章节，使稼先幼小的心灵发生了震颤：

一只美丽的小鸟被猎人捉住了。他把它关进了竹笼里。小鸟失去了自由，不吃也不喝，奋力朝着笼壁冲撞。一下，两下，三下……整整撞击了一天。晚上猎人回来了，他走近笼子，这里发生的事情使他木然惊呆：竹笼被撞破了，鸟儿满头血渍，倒在了竹笼外的地上。那只美丽的小鸟为了争得一片蓝天，死了。

童年的邓稼先，读完这篇童话，悄然落泪了。他想到父亲多次对他讲过的话："人应该在自己的生命中体验到其他生命，与其他生命共存共荣。"他想到了在他家大槐树上结巢的那一对小鸟，和在风雨中抢救鸟宝宝的事情。他更加痛恨那个猎人，他认为是那个可恶的猎人夺去了那只美丽的小鸟的生命。

邓稼先就是在这样的家庭中成长起来的。这是邓以蛰先生充分利用自己的优势，为其长子创造的得天独厚的成长环境。这样的特殊家世、优良的生活环境和良好的童幼教育，对于稼先日后的成长，起到了决定性的作用。可以说，少年邓稼先的家庭，是一个科学家的摇篮。

→ 七七事变的枪声

★★★★★

七七事变后，邓稼先因反抗日寇入侵被迫逃离北平，当他考入西南联大以后，政治热情更加高涨。

邓稼先的中学生活大半是在北京市西单绒线胡同的崇德中学度过的。崇德中学是一所英国人开办的教会学校，注重英语教学。邓稼先自幼便跟父亲学英语，八九岁时便可讲一口流利的英语。所以，步入崇德中学之后，他的英语成绩在班里是出类拔萃的。使人意想不到的是这个哲学家的爱子，在数学课、物理课方面，成绩也相当优异，因为他对理科产生了浓厚的兴趣，尤其酷爱数学。

七七事变的枪声，激怒了少年邓稼先。他想到，近百年以来，祖国遭受了太多的摧残和蹂躏，留下了太多的创伤和痛苦。少年邓稼先心头燃起了复仇的烈火。

1937 年 9 月，在这个四合院发生的一桩事，使邓稼先久久难忘。

邓以蛰有一位朋友在北平沦陷后，投靠伪政府干了一个差事，领取着日伪赐予的薪饷。对此，邓以蛰尽管十分不赞成，但是，考虑到这位朋友为了养家糊口不得已而为之，也就宽以待之。一个星期天，这位朋友夹着伪政府的公文包来到邓以蛰家，邓以蛰很不愉快地接待了他。这天，稼先也在家复习功课。那人进屋不久，就听父亲大声质问道："你是干什么来的？你给我滚出去！"只见那人狼狈不堪地夹着公文包溜走了。稼先还是第一次见到父亲发这么大的火，便来到书房安慰父亲。他小心地问道：

"爸爸，为什么这样不高兴？"

邓以蛰余怒未消，仍然大声说道：

"真是一个不知羞耻的东西！他竟然举荐我到伪政府里去做事。这种人拿了人家的钱，就给人家当走狗。"

在父亲高尚的爱国主义情操的影响下，少年邓稼先的心里开始燃起了复仇的烈火。在读书之余，他常和一些进步同学聚会，阅读进步书籍，谈论民族的前途和命运。他们想要读到的进步书籍在大书店里是买不到的，于是，稼先便到小书摊上去寻觅。在那民族备受屈辱的日子里，进步青年能得到一本进步书籍，就如同在窒息的斗室中呼吸到了一缕新鲜的空气，如同在黑暗之中见到一线光明，会给他们带来力量和信心。他们读的进步书籍越多，思想就愈加活跃。加上他们经常聚会讨论时事，传递国内外信息，痛斥德、意、日法西斯强盗的侵略行径，向往和平与安宁的大同世界，相互影响，彼此鼓励，他们的思想渐渐成熟起来了。

那时，日本宪兵队规定：凡是中国老百姓从日本哨兵面前走过，都必须向"皇军"行鞠躬礼。

"中国国土虽然沦陷，但是中国人的民族尊严不可辱！"血气方刚的邓稼先怒火填膺，他每天上下学，宁肯绕路走，也不在日本强盗面前弯腰。

不久，在邓家又发生了一件事。

1940 年的仲春季节，北平市日伪当局强迫市民和学生为"庆祝皇军胜

学习知识，
报效祖国

利"举行游行和庆祝会。邓稼先所在的学校也被迫组织学生参加了这样的活动。开会时，会场上戒备森严，邓稼先一腔怒火不得发泄。散会时，他早已忍耐不住，将手中的纸旗子扯得粉碎，并狠狠地说："这简直是奇耻大辱！"

邓稼先的举止被日伪安插在学生中的狗腿子发现后，立即被告发到邓稼先所就读的中学。凑巧，这所中学的校长是邓以蛰的朋友。这位校长打发走那个告发的人之后，便急匆匆赶到北沟沿邓宅，向邓以蛰述说了事情的经过，然后忧心忡忡地说道：

"邓先生，稼先的事情我只能搪塞于一时，如果没有处理结果，恐怕日方不会答应，到那时可就不好办了。"

邓以蛰对这突如其来的事情毫无准备，一时不知如何是好，便求教于这位校长：

"这件事，还是请仁兄拿个主意才好。"

"依我看，硬顶不行，藏起来也不是长久之计，还是想法赶快让稼先远离北平吧！"

邓以蛰想了一下，说道：

"多谢仁兄指点，事到如今，也只好如此了。"

送走校长，全家人聚在邓以蛰的书房里一起商议稼先的事。说来说去，还是走为上策。邓以蛰提议，让已经读完大学的长女邓仲先带着弟弟邓稼先到大后方昆明去。那里有南迁的北大、清华等大学和许多老朋友。这样，既不耽误稼先读书，也比较安全。事情就这样定下来了。

从北平到昆明，本已迢迢数千里，因为战乱，还要绕路香港，更增加了路途的曲折和遥远，常年足不出户的母亲对远行的儿女不免有些担心。

姐弟俩上路了。两辆黄包车上，一辆坐着一双儿女，一辆拉着母亲用了两个通宵新做的被褥和其他行李用品。带着沉甸甸的母爱，挂着满面泪水，他们告别了父母、弟妹，开始了他们生命之旅中的第一次漂泊生涯。

1940 年的初夏，邓稼先与大姐邓仲先一起，从天津港乘坐"津江号"货轮南下，经过几十个小时颠簸，第一站到达上海。按照父亲的安排，姐弟俩住在父亲的老朋友胡适先生家中。当时胡适外出，胡夫人本是安徽人，因此，对邓家姐弟热情款待，关怀备至。在胡家住了 20 天，才买到去香港的船票。于是，他们姐弟俩又从上海乘船南行，他们行走的路线是，经香港绕道越南海防，再乘车到昆明。

他们乘坐的货轮在香港等了四天泊位，才靠拢码头卸货。卸完货又朝越南的海港驶去。经过五天的航行，他们乘坐的货轮缓缓驶进越南的海港。他们看到的在法国殖民主义统治下的越南，是一幅悲惨景象。法国警察把守着越南海关，对进出关口的行人百般勒索。一位身着破旧衣衫的老妪，携了一个小女孩，手中抱着一只暖水瓶通过关口。法国警察见无油水可捞，便将那只暖水瓶强行扣下来。老妪用邓稼先听不懂的越南话向法国警察求情，那警察不仅不还，还骂着粗话，将老妪推倒在地。小女孩扑在老奶奶身上，惊吓得大声哭叫起来。邓稼先心想这只暖水瓶肯定是这位老太太家中唯一值钱的财产了。弱肉强食，处处如此。

从海防出发，经过河内，再从老街进入中国云南境内。乘坐马车一路颠簸，终于到达昆明。这时已是 1940 年的初夏季节。

先期到达昆明的父亲的好友汤用彤教授，早已安排好邓家姐弟的住所。听说邓家姐弟来了，当晚，父亲的一些好友和同事杨武之、张奚若、闻一多等教授都来看望。张奚若教授一进门便高声说道：

"听说又来了两个小难民，快让我来看看。"边说边

学习知识，
报效祖国

拉过仲先和稼先来，端详了好一阵子，"哈哈哈，这两个小难民能够平安到达昆明，真是幸运啊！虽然身上土多了一点儿，鞋袜破了一点儿，可比你闻伯伯强多了。"

稼先好奇地问道："闻伯伯怎么了？"

张教授指了指闻一多说："他呀，是随学生从长沙步行来昆明的。"

"步行，那要走多久啊？"邓稼先惊讶地问道。

"嘿嘿，二月初从南岳动身，到昆明正赶上端午吃粽子。"达观乐天的闻一多笑着说道。张奚若接过话茬说：

"你闻伯伯刚到昆明那天，我一见，还以为是从哪里来的癞头和尚呢！长发过耳，胡须满腮，走路一瘸一拐的，我还没看清是谁呢，他倒先开口说话了……"

"先生，讨一口水喝——行吗？"闻一多拖着长音学说着。

一下子，把满屋子的人都逗笑了。

长辈这种乐观主义豪情，顿时使稼先的精神为之一振，一路上的劳累也烟消云散了。

1941年初秋，邓稼先考入国立西南联合大学物理系。

西南联合大学原是由北京大学、清华大学和南开大学三所大学于1937年七七事变后，南迁昆明合并办起来的一所大学。校舍虽然简陋，且分散在昆明市的好几个地方，但这里聚集了诸多著名教授，教学质量非常之高。特别是物理系，更是名师荟萃。其中有参加测试普郎克常数的叶企孙，有为证实康普顿效应作出贡献的吴有训，有证实正电子存在的赵忠尧，有涡旋力学权威周培源，还有吴大猷、王竹溪、张文裕、饶裕泰等许多著名学者。最使邓稼先惬意的，是他的好友杨振宁已是西南联大物理系三年级的学生，他们又可以经常见面、切磋学业、交流心得、谈知心话了。

那时，西南联大物理系占有五栋平房，尽管教学条件简陋，但实验室、资料室、教研室一应俱全，对学生的学业要求也十分严格。名师严教，使这所学校在战乱之中仍然培养出了一批又一批举世瞩目的杰出人才。联大的校歌，恰好表明了它的宗旨：

万里长征，

辞却了五朝宫阙。

暂驻足衡山湘水，又成离别。

绝徼移栽桢干质，

九州洒遍黎元血。

尽笳吹弦诵在山城，

情弥切。

千秋耻，终当雪，

中兴业须人杰。

便一成三户，壮怀难折。

多难殷忧新国运，

动心忍性希前哲，

待驱除仇寇复神京，

还燕碣。

杨振宁、李政道乃至邓稼先就是唱着这支校歌，走出联大校门，走出国门，走向科研高峰，走向诺贝尔奖领奖台的。如今，在中国科学院院士中至少有 20 人出自西南联大物理系。其教学成果之盛可见一斑。

不久，西南联大发展到 5 个学院，26 个系，在校学生3000 多人。当年全国各地一批又一批有志青年奔向这拥有一流教授的最高学府。正如校歌中所唱的"绝徼移栽桢干质"，意思是在这边塞之城培育栋梁之才。

在西南联大读书期间，邓稼先学习非常用功，基础课

学习知识，
报效祖国

学得很扎实，探讨问题也很大胆。

关心国家大事，关心民族命运，是邓稼先热情开朗性格的必然延伸。他因反抗日寇入侵被迫逃离北平，当他来到西南联大以后，他的政治热情更加高涨。在校园的阅报栏下，经常有他的身影。他可以说是《新华日报》的忠实读者。

1945 年 8 月 15 日，日本天皇宣布无条件投降。世界人民反法西斯战争胜利了，中国人民抗日战争胜利了，整个中国沸腾了。邓稼先、杨振宁和亲爱的大姐、大姐夫拥抱在一起，姐弟四人激动得哭泣起来。几年来的辗转流离，几年来的辛酸时日，几年来的心理重压，都成为过去，国耻家仇也为之雪报了。大姐擦干眼泪，到厨房炒了两个菜，大姐夫则取出了他珍藏的茅台酒，四人举杯对酌，一来庆贺抗日战争的胜利；二来庆贺稼先拿到了西南联大物理系的毕业文凭。

邓稼先得到了进步组织的重视。当时西南联大"民青"组织的负责人杨德新十分惊喜地发现邓稼先在政治上越发成熟了。于是，他介绍邓稼先加入了"民青"。"民青"全称为"民主青年同盟"。当年是进步青年的秘密组织。加入"民青"，是邓稼先人生旅途上一次新的转折。

迎接新中国的诞生

★★★★★

为了迎接新中国的诞生，为了掌握现代文化，掌握先进的科学技术，邓稼先决定留学美国，获得新知识，建设未来的祖国。

1946 年初秋季节，刚满 22 岁的邓稼先被北京大学物理系聘为助教。经过千辛万苦，由祖国的大西南辗转回到了他阔别六年之久的北平，回到了他日夜思念的双亲身旁。

邓稼先倾囊为父亲买来两瓶茅台酒。这天晚上，全家人在庭院那棵大槐树下，为邓稼先举办了接风晚宴。

亲人相聚，自是一乐；与古槐相伴，备觉亲切。此刻，他紧挨着父亲，坐进一把藤椅里。家人面前都摆上了一杯茅台酒，浓郁的酒香在小院中流淌。那习习秋风，像南国丝绸一样柔滑。银月镶嵌在蓝宝石似的夜空，映照在这温馨的四合院里。远远近近的秋虫此唱彼和，形成多声部合唱，浑然天成。谛听着这天籁般的虫鸣，似乎感受到了一种生命的韵律，仿佛回到了童年时代。

邓稼先陶醉在父母和亲人那融融的氛围里，感到了无限的满足。几年来远离父母的思念之苦，数千里往返颠沛流浪之苦，此刻，统统化为乌有。真可谓酒未醉人人先醉了。

回到家里，邓稼先发现父母老了许多。但是，他们的精神依然很好。父亲在早饭后，照例坐在书房的桌案前读书或著作。他常对孩子们说："我们没有理由浪费一寸光阴，因为无限时光的每时每刻都包含在自己的有限生命之中。珍惜生命，必须从此时此刻开始。这样，此时此刻才可以成为永恒。"

邓稼先对父亲的书斋从小就怀有深深的敬意。在他的心目中，那一排盛满各种颜色和各式版本书籍的高大的书橱，就像是翻卷的书浪，就像是知识的海洋，茫茫无涯。父亲大概已经将这些知识都装进了自己的脑海里，人们都说他是读书最多的学者之一。此时，尽管邓稼先已经大学毕业，但是，每逢来到父亲面前，便顿时感到自己的浅薄和渺小，他也由此体味到父亲常说的那种"坐拥书城"的真正含义。

将门出虎子。当邓稼先出现在"北大红楼"物理系的讲坛时，很快引起了人们的关注。刚满22岁的邓稼先是北京大学最年轻的助教。

他风华正茂，精力充沛，情绪饱满；他的举止大方潇洒，气宇不凡。不论穿传统的长袍，还是穿时髦的西装，都透出一种睿智和精明。由于他讲课风度儒雅，极富魅力，置论透彻，与同学们平等相待，和蔼可亲，因此，很快便赢得了学生们的好感和尊敬。

然而，时局的恶劣，很难使莘莘学子静心攻读。国民党统治下的北平，政治黑暗，经济混乱，通货膨胀，特务横行，老百姓饥寒交迫。于是，一场"反饥饿，反内战"的学生运动，风起云涌般地在全国各地发展起来。作为"民青"组织的骨干，邓稼先勇敢地站在了这场斗争的最前列，他投身到北京大学"讲助会"的工作中去，募集了大量钱款和物资援助贫困学生。

邓稼先和他的青年朋友们，在音乐的掩护下，议论时局，抨击时弊；

也在音乐的掩护下，学习马、恩、列、斯的著述，学习毛泽东的《新民主主义论》。

毛泽东在《新民主主义论》中说："我们不但要把一个政治上受压迫、经济上受剥削的中国，变为一个政治上自由和经济上繁荣的中国，而且要把一个被旧文化统治因而愚昧落后的中国，变为一个被新文化统治而文明先进的中国。"

这些教导，都给了邓稼先以新的启示。他意识到，为了迎接新中国的诞生，为建设一个政治上独立、经济上繁荣、文明先进的新中国，必须努力掌握现代文化，掌握先进的科学技术。他决定留学美国，获得新知识，积蓄力量，建设未来的祖国。

1948年初秋季节。

"呜——"只听一声汽笛长鸣，邓稼先与杨振宁的弟弟杨振平结伴乘坐的美国邮轮驶出了上海吴淞口。

海风催动着邮轮渐渐地向大洋深处驶去。晚霞映在海面上，大海一片绯红。随着一轮红日慢慢地隐入苍茫的海水，大海也由绯红变得墨紫。

邓稼先默默地伫立在甲板上，凝视着变幻中的大海。他感到神秘的大海里隐藏了太多的故事，也埋藏了读不完的历史。他忆起了甲午海战那悲壮的一幕：

当时，清政府的北洋水师虎踞威海，拥有庞大的海军舰队。在北洋海军提督丁汝昌的指挥下，与入侵的日本海军舰队在大东沟海面上进行了空前惨烈的大海战，击沉日舰西京丸，击毁扶桑和清田两艘日本战船，击伤日本海军军旗舰松岛及赤城、比睿。我致远舰管带邓世昌等将领，英勇作战，壮烈牺牲。后因清廷畏战求和，李鸿章下令海军避战自保，从而助长了日军的嚣张气焰，威海卫很快被日军攻陷。困守在刘公岛的海军提督丁汝昌，率众抗敌，拒不投降，坚持到最后，不屈自杀。北洋海军遂全军覆灭。

这是悲壮的一幕，也是屈辱的一幕。此刻他耳边又响起了"落后就要挨打"这句警世名言。邓稼先自觉这次出国学习的责任重大。

1948年10月，邓稼先进入美国印第安纳州的普渡大学研究生院物理系。他选择了核物理专业。

普渡大学位于芝加哥南边约160千米的水城拉菲亚得。这座小城被誉为草原之城，有一条名叫沃巴什的小河缓缓流过。这里人烟稀少，静谧安详，是莘莘学子苦心耕读的好去处。

邓稼先选择了核物理专业，以《氘核的光致蜕变》作为自己的博士论文选题，这样的选择，是有他一番考虑的。

当年，基本粒子刚刚起步，但核物理自第二次世界大战以后非常热门。德威克在1932年发现中子，哈恩于1938年发现了中子冲击原子核产生裂变。这两位伟大科学家的本意，是为人类在地球上找到一种新能源，而绝不是用于毁灭性的战争。然而，违反科学家本意的事，终于发生了。1945年，美国的第一颗原子弹在日本广岛爆炸。科学的发现，竟然给人类带来巨大的灾难。这个拥有原子弹的国家首脑在事后扬扬得意地说：

"核试验的音响效果，就是我们外交政策的语言。"

这是何等的狂妄！

邓稼先就是憋着同这个狂妄的大国相抗衡的一口气，选择了核物理，并选择这样的论文题目。

邓稼先的导师是荷兰人德哈尔。德哈尔曾多年研究核物理，具有指导研究生的丰富经验。邓稼先怀着愉快的心情，晋见他的导师，并用流利的英语与导师对话。当德哈尔对邓稼先进行了一番例行的测试之后，突然提出这样一个问题：

　　"你为什么要选择核物理作为研究课题呢？在第二次世界大战中，美国使用了原子弹，给日本人民带来了经久不愈的创伤，你怎样看待这件事？"

　　反应敏锐的邓稼先略加思索，回答道：

　　"我是来学科学的，我是怀着极大兴趣来学习研究核物理的。科学的任务是不断探索，不断发现未曾发现的奥秘。我渴望掌握核物理科学的前沿成果。至于我学到的科学技能如何为人类服务，那就是政治家的事了。"

　　德哈尔连连点头，当即同意这位才思敏捷的中国学生由本科生直接攻读博士学位。这在普渡大学尚属首例。德哈尔微微地笑着说道：

　　"你的老师吴有训先生在美国物理学界是有影响的，是一位很出色的物理学家。还有你的老师吴大猷、赵忠尧、叶企孙、周培源……这些科学家的名字，都是我们非常熟悉的。"

　　听完导师德哈尔的这番话，邓稼先感到非常自豪。因为这是在异国他乡，听到一位很有名气的科学家在称赞自己的老师，称赞中国的科学家。

　　随后，德哈尔带着邓稼先来到楼下一座大厅。在这里，邓稼先第一次看到了粒子加速器这个庞然大物。邓稼先在他的导师德哈尔的指导下，开始了《氘核的光致蜕变》研究。在人类发现同位素氘16年之后，邓稼先开始氘核光致蜕变研究。他以自己的聪明才智和惊人的勤奋，只用了一年零十个月的时间，便取得了令导师德哈尔惊喜的成果，提前完成了《氘核的光致蜕变》的博士论文，并顺利通过答辩，获得了博士学位。在普渡大学，邓稼先戴上了方顶博士帽，时间是 1950 年 8 目 20 日。

这一年，他刚满 26 岁。

这期间，德哈尔教授怀着欣喜的心情告诉邓稼先，准备带他去英国，一同继续对氚核的物理性能进行更加深入的研究。去英国，同具有高深造诣的导师一起，站在核物理学发展前沿阵地，使用具有世界一流水平的科研技术设备，这就意味着距离摘取科学桂冠只有一步之遥了。但是，这个消息并没有使邓稼先惊喜。在获得博士学位后，他想得最多的是尽快回到祖国，回到他朝思暮想的父母身边，将自己学到的科学知识，投入到新中国的科学事业中去。

他婉谢了导师的好意，决定即刻动身，回归刚刚诞生的新中国。

秘密里程

"您的儿子回来了！"

★★★★☆

邓稼先站立在雄伟的天安门广场上，目视着那高高飘扬的五星红旗，目视着那巍峨的天安门城楼，他真想对着雄伟壮观的天安门高声呼喊："亲爱的祖国，您的儿子回来了！"

中华人民共和国一周年庆典前夕，邓稼先回到了北京。

秋季的北京，天高气爽，果红菊黄。他欣喜地看到，时代变了，祖国的面貌变了。往日横行霸道的洋人、兵痞、巡警，骨瘦如柴的叫花子、大烟鬼以及娼妓不见了。从南方到北方，祖国大地处处花团锦簇，铺展着欣欣向荣的蓝图。

邓稼先如同一只候鸟，飞去又来。他怀着激动的心情，敲开了邓家新宅的大门。

解放后，邓以蛰先生被北京大学聘请为中文系教授，搬进了北京大学未名湖畔的朗润园。

朗润园是北京大学众多园林中较小的一个。园中错落着十几幢精致优雅的二层小楼，还有几所中国传统建筑风格的别墅式房舍。它同承泽园、燕南园、镜春园、燕乐园、蔚秀园、畅春园、中关园、燕北园一样，分布在未名湖周围，或临水，或环水而建，是北京大学教授的宿舍区。这里幽居着 20 世纪中国一流的教授和学者。

邓稼先跨进门槛高声叫着：

"爸爸，妈妈，你们的儿子回来了！"

从书房里，应声走出了他的亲人。邓稼先放下手中的行李，弯下魁梧的身躯，向父亲、母亲深深鞠了一躬。

邓稼先见父亲挺直着高大的身板，比他出国时更硬朗、更健康了。母亲红光满面，大姐、二姐则笑逐颜开。这一天，朗润园深处的邓家宅院沉浸在团聚的幸福和欢乐之中。

父亲告诉稼先，小弟弟槜先参加了南下工作团，家乡也实行土地改革，实现了孙中山先生的遗愿——"耕者有其田"。往日被称之为"乞丐王国"的安徽农民，如今也有吃有穿了。父亲由衷地感叹道："孙先生革命数十年没有做到的事，共产党刚刚执政一年就实现了。真让人佩服。"稼先连连点头称是。

夜晚，朗润园的小园林是富有诗意的。所有可以鸣叫的秋虫，此刻都施展出自己的绝技，此伏彼起，一派天籁，未名湖畔成了天然的音乐宫。邓稼先聆听着、陶醉着，他突然感到在父母身旁开始的新生活，是如此富有魅力。

回到北京，邓稼先迫不及待地要去观看新中国举行开国大典的天安门。

次日一大早，稼先和大姐、二姐一起，每人骑了一辆自行车，急匆匆赶赴天安门广场。

开国之初的北京，虽是百废待兴，但已是万紫千红，花团锦簇。如今的天安门广场更加开阔，早已不是邓稼先留学之前的破败景象。天安门城楼已被油漆粉饰一新，金碧辉煌；朱红色的城墙上，镶嵌着巨幅毛主席的画像和"中华人民共和国万岁"、"世界人民大团结万岁"大幅标语，十分雄伟、壮观。国庆一周年前夕，园林工人正在抓紧时间摆放盆花、绿树，美化广场。

担任大学语文教师的大姐邓仲先，是一位知识渊博、视野开阔的女强人，她边走边讲述天安门的故事。她说道：

"这座天安门原是明清两代皇城的正门。创建于明朝永乐年间，原名承天门。承天者，居高临下也，它表明皇朝至高无上的尊严。直到清朝顺治年间，改称天安门，它表明清朝征服汉族以后，寄希望于苍天保佑大清王朝与大汉族相安相济。"

说话间，他们姐弟三人越过了碧波粼粼的金水河。河上耸立着五座雕琢精美的汉白玉金水桥。天安门城楼前，两座雄健的石狮和挺秀的华表相配合，使天安门成为一座完整的建筑艺术杰作，气势磅礴。邓仲先心情激动地说道：

"天安门是中华民族的杰作，也是新中国的象征。五四运动、一二·九爱国学生运动、开国大典等重大历史事件，都与天安门的名字联系在一起，它也是我们中华民族的骄傲。"

此时此刻，邓稼先站立在雄伟的天安门广场，目视着那高高飘扬的五星红旗，目视着那巍峨的天安门城楼，此时此刻，他真想对着雄伟壮观的天安门高声呼喊："亲爱的祖国，您的儿子回来了！"

26岁的邓稼先，被国家安排在中国科学院工作，与著名科学家钱三强、彭桓武、王淦昌一起筹备、创建中国科学院近代物理研究所（后改称为原子能研究所）。这个研究所开始设在东黄城根，不久便搬到了北京西郊的中关村。邓稼先在彭桓武教授的领导下，从事原子核理论研究，担任副研究员。

新中国刚刚诞生不久，核物理在我国科研领域还是一片空白。彭桓武教授带领邓稼先等一伙青年人，在这片空白地上辛勤地耕耘。他们的起步虽然是艰辛的，但却是极为有意义的。人们充满了信心和进取精神，因而，在不长的时间里，便取得了丰厚的科研成果。邓稼先分别与于敏、何祚庥、徐建明等人合作，于 1951 年至 1958 年期间，在《物理学报》上，相继发表了《关于氢二核之光蜕变》、《β中微子角关联、β-γ 角关联和 β 能谱因子》、《辐射损失对加速器中自由振动的影响》、《轻原子核的变形》等论文。这些科研成果，当年在我国核物理事业中具有开拓性质，从而填补了我国核物理研究的空白。

1954 年，邓稼先被钱三强点名选去兼任中国科学院数学物理化学部的副学术秘书，协助钱三强工作。这项工作虽然属于学术工作，但是，要与不同性格、不同经历的科学家打交道，于是，便自然而然地进入了人际关系的领域。邓稼先宽厚而善良的性格，积极认真的工作态度帮助了他，使他能够与诸多科学家融洽相处，从而获得了人们的普遍称赞。

 # 走向秘密世界

★★★★★

将邓稼先引向一个秘密世界的领头人物，当说是有着儒帅雅称的聂荣臻。

那是 1952 年 9 月，聂荣臻出任国务院副总理主管科技工作。

这一天，聂荣臻来到总理办公室，他对周恩来总理说："国际形势的发展，看来可能使苏联在尖端技术方面对我态度松动，是否再和他们谈一谈援助的问题，请他们派来专家，提供一些资料，由我们自己搞。"周恩来两道浓眉微微闪烁，将目光移向窗外。8月，李富春访苏期间曾试探地提过此事，遭到苏方婉言谢绝。此时再提是否适宜？周恩来沉思片刻，转过目光说："可以先找苏联顾问谈一谈。你看怎么样？"

遵照周恩来的意见，聂荣臻先与驻华的苏联经济技术总顾问阿尔希波夫联系。次年9月，聂荣臻、陈赓、宋任穷等人率代表团赴莫斯科，与别尔乌辛率领的苏方代表团进行历时35天的谈判，于10月15日签署苏方在新技术方面的援华协议——中苏"10·15协议"。

就是在这个"10·15协议"的推动下，著名的老一辈核物理学家钱三强关注着年轻的核物理学家邓稼先。

1958年春天，核武器工业部部长宋任穷找到副部长钱三强说道：

"发展核武器，现在的关键是缺乏核物理研究人才。我把你请来，请你推荐人才，把这些人才集中在一起，先攻下原子弹。"

邓稼先，男，34岁，毕业于美国普渡大学物理系核能专业的研究生。

在钱三强开出的第一批名单中，将邓稼先列入了"首发"阵容。

那是1958年仲夏季节，邓稼先急匆匆地走在去核工业部的路上。他似乎预感到有什么重大事情将要发生，不然，部长的电话为什么催得那样急？此时的邓稼先既兴奋，又有些忐忑不安。

核工业部副部长钱三强的办公室。

钱三强坐在一个大写字台后的藤椅上，邓稼先就坐在他的对面，两个人开始了一次具有历史意义的对话。

邓稼先："钱部长，找我有事吗？"

钱三强："小邓，我们要放一个大炮仗，调你去做这项工作，怎样？"

"大炮仗？"聪颖过人的邓稼先迅即明白了它的含义。但是，面对这突然降临的艰巨任务，不免一阵惶恐不安。他嗫嚅道：

"钱部长，你看我行吗？"

"当然不是你一个人，而是许多人。不过，你的工作十分重要而光荣。这是组织的决定。"

"我的任务是什么？"

"你近期的任务是向苏联来华的专家学习，看懂即将从苏联运来的那颗教学模型弹。还有从莫斯科运来的一车皮的资料，你带人去翻译。"

邓稼先愉快地点头答应了。

钱三强从邓稼先的脸上读到了刚毅和坚定，听到了他最想听到的回答。

1958 年 7 月 1 日，新华通讯社发布了一条消息：

建设在北京郊外的我国第一座实验性原子反应堆和回旋加速器正式移交生产。这座原子堆的正式运转日期是 1958 年 6 月 30 日。这座实验性反应堆，热力率为 7000 瓦至 10000 瓦。同时建成的回旋加速器有能力把 α 粒子加速，使 α 粒子能量达到 2500 万伏特。从加速器发出的每秒 34000 千米速度的粒子，已经被用来进行原子核物理研究。

这则消息，在国内外引起了强烈反响。

邓稼先拿着载有这条消息的报纸流泪了。邓稼先深深懂得这条文字不长的消息，对于被世界讥为"东亚病夫"的中国意味着什么。他想到，这块曾被西方人所不齿的土地，发生了多么深刻的变化，创造出了多么令人难以想象的奇迹。他想到，他很快便要离开他熟悉的同事，离开正式运转的反应堆和加速器，走向另一个更为秘密的原子世界去了。

北京市的北郊，这片年年岁岁长高粱的农家土地，如今，中国的"曼哈顿工程"将要从这里起步了——这片高粱地便是中国未来的核武器研究院（后来改称第九研究院，简称九院；由于保密的需要，不久便迁往青海省的大漠荒原之中；以后，又迁往大西南的崇山峻岭，与世隔绝的地方）。

按照苏联专家的意见，在这片高粱地上要建造一座原子弹教学模型大厅。据说，那颗神秘的原子弹模型，很快就要运来。因此，工程要加紧进行。

于是，邓稼先带领着这些年轻人和施工队一起，昼夜砍高粱，平地，挖地槽，接下来便是运砖石、沙子、水泥、钢筋，进行建筑施工……

北京的初秋，早晚凉爽，但上、下午的阳光依然火辣辣的。邓稼先脱了上衣光着膀子干，许多年轻人也甩掉衣服，赤膊上阵。他们在工地上写了一条时髦的口号："晒黑了皮肤，炼红了心。"可是，邓稼先的皮肤硬是晒不黑。于是，年轻的伙伴们送给他一个"大白熊"的美称。

在轻松的玩笑中，存放原子弹教学模型的大厅很快便盖好了。可是，那个神秘的模型，依然羞羞答答地不肯露面。

邓稼先犹如一块磁石，紧紧地把年轻人吸引到他的周围。白天，他们并肩劳动，夜晚，他是他们的"扫盲"教师。在"扫盲班"上，人们仍习惯地叫他"大白熊"，他也分别给那些年轻人起了绰号。其中来自湖南、四川、贵州这些"辣椒窝"的人，赠给"红椒"、"青椒"、"朝天椒"、"尖椒"等美称，家乡没有特色的，则按其生肖叫"白马"、"白虎"、"白鼠"、"白羊"、"白兔"……这些称呼看来好像是开玩笑，实则是每个人的代号。因为他们的姓名和他们从事的事业一样，都属于国家机密。时至今日，很多人的履历仍被锁在抽屉里，不得向世人公开。

邓稼先把大家召集到一起，说道：

"这是戴维斯的《中子输运原理》，泽尔多维奇的《爆震原理》，还有库朗特的《超音束流与冲击波》，大家现在的任务就是先把这三本书读懂。"

反应机敏的"青椒"似乎品出了其中的味道,脱口说道:

"噢,这些书好像都跟原子弹有关。'大白熊'呀,莫非我们是……"

"嘘——"邓稼先将食指和中指竖在嘴唇前,低声说道:"领导不是交待了么,不要乱问,'青椒'又犯纪律了。"

大家见"大白熊"的这副表情,都咯咯地笑了。

"好了,猜对也罢,没猜对也罢,我就不必明说了。我们眼前的任务是向苏联专家学习,要看懂'老大哥'援助我们的那个教学模型,要翻译俄文资料。"

从此,这三本书便成了这个"扫盲班"的课本。

核物理对这些年轻人来说,还是一个陌生的世界。所以,邓稼先的"扫盲"是从原子世界的 ABC 开始的。第一课可说是从零讲起的。

冬天到了,没有了"青纱帐",这里变得空旷了许多。参加"扫盲班"的年轻人住在自己动手盖起来的宿舍里,墙是湿的,地是湿的,被褥也是湿的。屋里比屋外还冷。邓稼先时常被冻得挺不住,便找到一个窍门,带着几个年轻人躲进对面一家副食店去看书。原来,这家副食店有一个烧得红红的大铁炉。卖货的大嫂只知道他们是取暖的,却不知道这些人就是中国未来的"火神爷"。

1958 年岁末,按照合同,苏联派来了一个三人专家顾问组。

当时的核工业部部长宋任穷和副部长钱三强一起去拜见那位组长。宋部长说:

"现在原子弹模型未到,你先讲一讲有关原理和数据,我们好制订学习计划。"

那位组长点点头，表示同意，并承诺像苏联的库尔恰托夫致力于苏联高科技事业那样，协助兄弟中国制造出捍卫世界和平的核盾牌。

但是，因为原子弹是当时最高级的军事机密，所以，他只限宋部长、钱副部长等五个人听课，课堂就设在部长办公室。

一开头，那位专家非常坦诚地讲出了一些原理和数据，还在黑板上画出了一些图形。后来因苏方派来的监听人员在一旁"咳嗽"暗示，并不断地提醒他"精练些"，他才越讲越含糊，偶尔画一条弧线，便立即擦掉。

再后来，监视人发现有人做记录。讲课的专家非常紧张，连连警告听课人说不行，要求一定把记录烧掉。

宋部长急中生智，说："由我来负责销毁吧！"说完，就将记录本全部收起，锁进保险柜。

苏联专家见部长承诺做销毁工作，自然不便提出异议。

幸亏宋部长机敏的应变能力，使得那些极为珍贵的资料得以保存。就是这些零零碎碎的记录，后来经过钱三强与邓稼先共同整理，竟拼凑成了一个数字模型。

事后，当人们看了整理好的数字模型后，一致认为那个专家组长是一位极为友好的同志，是一位肯于"念真经"的"和尚"。

可能就是这个缘故吧，这第一个顾问组很快就奉诏回国了。

在钱行的宴会上，钱三强问那位组长说：

"你们不是还计划游览杭州、桂林吗？为什么刚来这么几天就要回国呢？"

那位组长手指苍天，一脸苦笑。

一个政府对另一个政府可以不讲信用，但是人对人还是真诚的。

冬天已经过去了，但依旧不见"老大哥"送来那个原子弹教学模型。这期间，那位高贵的"新娘"，又有多次说来而不来，让邓稼先空手往返。邓稼先并没有因此而懊丧，他依然精心做好一切准备，迎接这位迟迟不肯露面的娇贵的"新娘"。

　　时间一天天过去了，那颗原子弹教学模型，那一车皮俄文资料，还有那些苏联专家们，却迟迟不见踪影。

　　看来，这片空白，只有依靠自己去填补了。

 # 悲愤的"59·6"

★★★★★

　　我国第一颗原子弹的代号"59·6"，除了它的保密性之外，更标志着一个令人愤怒的日子……

　　直到现在，原子世界的诸多秘密尚不能公开。就像许多历史事件那样，深埋于历史的隧道里，等待着后人去揭示。而往往是，时间过得越久，这些事件的意义就越显得珍贵。如同深埋于地下的一坛陈酒，本世纪喝不到，待下世纪开封，将会是"滴酒满楼香"。

　　许多国家的重大军事科研秘密，都有自己的代号，具有同样的性质。美国"曼哈顿工程"研制的原子弹，在日本人民心目中，是吃人恶魔的代称，在第二次世界大战中曾吃掉几十万日本人民的生命。

　　苏联第一颗原子弹的代号则是"铁克瓦"，那是俄语"南瓜"的译音。

然而，我国第一颗原子弹的代号"59·6"，除了它的保密性之外，更标志着一个令人愤怒的日子……

由于毛泽东主席拒绝了赫鲁晓夫提出的在中国领海建立"联合舰队"和在中国领土上设立"卡玻电台"的建议，赫鲁晓夫恼羞成怒，说："毛泽东不参加我们的核保护伞，那我们就什么也不给他。让他和他的人民连裤子也穿不上。"

"老大哥"苏联于1956年单方面撕毁了协定，所有援华苏联专家一夜之间全部撤走了。他们带走了全部图纸，迫使二百多项重大工程半途下马，使我们的国民经济骤然陷入困境。

撤走的苏联专家，自然也包括原子弹工程方面的，他们临走时还留下了预言：

"没有苏联的援助，中国20年也造不出原子弹。"

"倘若你们的国家不把我们重新请回来，那么，中国的有关设备将会变成一堆烂铁。"

苏联专家撤走后，国际上的评论也很多——

中国此后的原子世界将进入真空状态，恐怕他们再也搞不成原子弹了；

这是对中国核领域毁灭性的打击。再过几年，中国只能出卖废钢烂铁了……

1959年6月，对中国人民来说，是个悲愤的年月，是个黑色的年月，也是一个全中国人民永远不能忘记的年月。为了记取这个历史教训，为了激励我们发愤图强，我国将第一颗原子弹的代号定为"59·6"，足见我国领导人的深远用心。

面对苏联的反目和背信弃义，聂荣臻说，靠别人靠不住，也靠不起，只能寄希望于自己的科学家。

这一天，宋任穷部长走进高粱地上盖起的那座红楼中的一间会议室，他要邓稼先把那些年轻人都召集到这里来。宋部长的表情是异常严肃的。

他两手叉腰，站在水泥地板上，高声说道：

"我今天是来给大家打气的。人家要走，我们也留不住，就让人家走吧；走了更干净，我们干起来更自由。搞原子弹只有靠我们自己，靠自力更生。人家骂我们是'一片真空'，嘲笑我们中国人'没裤子穿'，诅咒我们'要卖废钢烂铁'了。我看他们的预言肯定要落空。中国人一向不怕邪，我们就要拿出民族志气来，造出我们自己的原子弹，让他们吃惊去吧！"

说话间，宋部长问身边一位大学生说：

"你是学什么专业的？"

"空气动力学。"

宋部长听后面带笑容，说道：

"好呀，怒发即气动，有气就有动力。好好干，干出个'争气弹'来，让那些瞧不起我们的洋人看一看，让他们看看中国人发起愤来是个啥样子！"

年轻人送走了宋部长，仍旧迟迟不肯离开那间会议室。这里充满了愤怒与激昂的情绪。

"什么'老大哥'，简直是骗子！""红椒"怒不可遏地大声说道。

"对，口头上说得好听，干的是背信弃义的事情。真卑鄙！"这是"青椒"那又高又尖的声音。

"宋部长说得好，没有他们我们照样能干，而且可以干得更好。尽管今后的路是曲折的，甚至是艰险的，但是，什么困难也动摇不了我们的决心。为了造出'争气弹'，我们甘愿献出自己的青春和生命！"

"对，老邓说得好！"

"老邓说得对！"

接下来，便是一连串中国式的卧薪尝胆般的表态……

1960年7月18日。北戴河。

李富春副总理向毛主席详细汇报了苏联撤走援华专家后的中国原子弹科研现状。毛主席听后很冷静地说道：

"要下决心拿下这个尖端技术。赫鲁晓夫不给我们这个尖端技术，极好。如果给了，这个账是很难还清的。"

1960年7月28日，核工业部副部长钱三强再一次把邓稼先邀到他的办公室，开门见山地说道：

"原子弹的理论设计，要由你领导的那个理论研究室来承担。"

邓稼先，这位昨日苏式原子弹的仿制者，今天，被历史选定为中国第一颗原子弹的理论设计负责人。他深深地理解钱副部长交付给他的任务的含义，便顺从地点了点头。

当年,钱三强对原子弹理论设计有个形象的比喻,叫"龙头"的"立方"。他认为，不抓"龙头"，原子弹造不出来。也就是说，要制造原子弹，首先必须拿出理论设计方案来。这好比要建造一座高楼，首先必须拿出一张图纸来。

制造原子弹的这张图纸该怎样拿出来呢？这时邓稼先面对的是一片荒原。但是，他必须带领年轻人向着这片荒原挺进。邓稼先感到了责任的重大，感到了肩上的压力，也预感到未来路程的艰难。

他们又拿出了钱副部长从法国带回来的那几本书——库朗特的《超音束流与冲击波》，戴维斯的《中子输运原理》，泽尔多维奇的《爆震原理》，逐字逐句地啃食。

这些书都是外文原版，而且人多书少，怎么办？开始时，他们是围在一起集体阅读，一个人念，大家译，读一章，译一章。然后，连夜在钢板上刻写蜡纸，用油墨手工印刷，一直干到深夜。后来,邓稼先发现大家有些疲劳，他担心年轻人睡眠不足，影响身体健康，就干脆由他一个人啃一个通宵，第二天他再给青年们讲课。

几天过去了。又是一个不眠之夜，邓稼先匆匆洗漱之后，吃了一口早饭，便登上了讲台。

大家被他那深入浅出、形象生动的讲述所吸引，但是，他那憔悴的面容也使年轻伙伴们担心。正在大家听得入神之际，突然，他的声音中断了。只见他笔直地站在那里，布满血丝的双眼紧闭着，粉笔从松开的手指间跌落下来，"啪"地一声摔碎了，他被惊醒过来，揉了揉眼睛，不好意思地问大家：

"呀，我刚才是不是睡着了？"

"你只打了一个盹儿。"

"有多久？"

"一分多钟吧！"

"真对不起，我接着讲吧！"

"老邓，你需要休息，不能再挺着讲了。"

"我刚才不是休息了吗？好，时间可耽误不起，咱们继续往下进行。"

于是，他伸了伸腰身，继续在黑板上演算那个最难最难的"轰炸方程式"。

当他的演算涉及到流体力学时，思路突然受阻。他搔了搔头皮，微笑着请那位专攻流体力学的英俊才子"红椒"上台。他说道：

"'红椒'，你来架一座桥吧，我是无论如何也过不去了。"

而后，他搓去手上的粉笔屑，走下讲台，坐到听课席上，洗耳恭听"红椒"的讲课。

听着听着，他突然茅塞顿开。因为"红椒"的确为他架通了那座桥梁。他一拍大腿站了起来，边说"通了，通了"，又重新回到讲台上。于是，大家在他的引导下，继续走向原子世界又一个新的境界。

不久，大批留苏学生回国。高教部部长杨秀峰激动地欢迎这些留学生，说：

"苏联顾问走了，我们的才子回来了。你们是'永久'牌的，回来要为我们的国家争气啊！"

于是，一批新人加入到邓稼先的那个原子世界，一股新的爱国激情注入到这个高科技群体。另有一百多名刚刚迈出校门的大学生，也加入到这个"攻关"行列。新兵队伍日益扩大，"原子弹扫盲班"还要继续办下去。

邓稼先既要"攻关"，搞运算，又要"扫盲"，培育原子新人，其工作量之大可想而知。然而，正是在这种紧张而忙碌的生活中，他与学生们形成了一种特殊的感情和特殊的关系。他待学生情同手足，生活上无微不至的关怀和学习上的循循善诱，使他在学生中又获得了"老母鸡"的绰号。的确，不论他走到哪里，总有一群"小雏鸡"紧紧跟随着他。

在邓稼先看来，国家把一批优秀的大学生交给了他，他们远离父母，又身负重任。自己只有尽心尽力关怀呵护，而不敢有任何粗心大意。这批大学生也确实令他喜欢。他们思维敏捷，作风朴实，做学问认真，浑身有用不完的精力。从他们身上照见了自己的过去，他们也像他当年一样生机盎然。

→ 建造新的"长城"

★★★★★

当历史发展到一千多年以后的今天，邓稼先等正在为自己的民族营造一座新的"长城"。这座新的"长城"，将担负起抗击敌寇、抵御外侮的重任。

凌晨 3 点钟。

聂帅办公室的电话铃响了。

"是周总理的电话。"秘书通知聂帅说。

"要召集科学家开一次会议。"电话里传来周总理亲切的声音。

"召集科学家开会？讨论什么问题？"聂帅在电话中问道。

"会议的主题只有一个……"周总理掩饰不住内心的兴奋，禁不住哈哈大笑起来。

两天以后，邓稼先跟随着钱三强、王淦昌、彭桓武、郭永怀等老一辈核物理科学家走进人民大会堂的一个小宴会厅。

这里没有会议桌，只有餐桌。餐桌旁已经坐了许多科技界的著名人士。

"这是开的什么会议呀？"

正当人们互相猜测时，突然，掌声响起来，周总理和陈毅、聂荣臻两位老帅一同走来了。

周总理请钱学森和钱三强坐在自己身旁。

聂帅举杯致词：

"各位辛苦了。为了感谢大家，总理要我和陈老总请大家来开会。会议主题只有一个：吃肉！"

于是，宴会厅里爆发出阵阵欢笑声和掌声。

可是，人们迟迟不肯动筷子。

"吃啊！"周总理先给钱学森和钱三强往碗里夹肉，接着，又朝其他餐桌走去，劝大家一同吃肉。他说：

"大家都要吃肉，要吃饱、吃好。吃肉可以补脑……"

由周总理主持的这次"吃肉会议"，是在那个饥荒的年代举行的一种特殊的会餐。它是用一种富有中华民族传统特色的形式，表达了人民的总理对科学家的一片深情。

这时，陈老总来到了邓稼先的座位旁。腼腆的邓稼先顿时紧张起来，他拿筷子的手有些发抖。陈老总开玩笑地说道：

"同志哥，这样子可夹不到大块肉的啊！"接着他问邓稼先：

"那个东西啥个时候响噢？"

邓稼先一时不知怎样回答，王淦昌教授在一旁回答道：

"正在准备轰爆冷试验。"

这时，陈老总朝着四周的核科学家拱拱手，说道：

"好！我陈毅靠的是你们给撑腰啊！你们搞出尖端来，我的腰杆就硬；那个东西响了，我这个外交部长的嗓门就更响喽！"

核科学家们报以热烈的掌声。

陈老总又走到邓稼先跟前，并将手伸给他。邓稼先紧紧地握住了元帅的手。陈老总呵呵笑着说：

"噢，蛮有力气嘛。你不声不响的，有的是潜在的力量啊！"

就在这次"会议"不久，中国第一颗原子弹的轰爆冷试验在长城脚下开始了。

何谓冷试验？顾名思义，冷是相对热而言。冷试验，即热核爆以外的试验。

人们都知道，点燃鞭炮需要的是明火，引爆一枚炸弹需要雷管，倘若没有明火与雷管，就无法使鞭炮和炸弹炸响。那么点燃一枚原子弹需要的是什么呢？需要的是足够数量的中子。倘若没有足够数量的中子，即使造出原子弹来，也只能是个哑巴。中子则来源于常规炸药的引爆。

1963 年的初春季节，北国大地依然冰封雪盖。冷试验的指挥部就设在白雪皑皑的长城脚下的一个山洞之中。

儿时，邓稼先曾无数次攀登过长城，但是这次站在长城脚下，仰望长城，心情却异样的激动。长城，是一部历史巨著，记录了中华民族几千年的风风雨雨；长城，是一座宏伟的知识宝库，蕴藏着我国政治、军事、文化乃至自然科学的诸多奥秘。邓稼先每当登临长城，尽情地欣赏祖国的辉煌文化，饱览风景如画的美好河山，总是心潮澎湃，豪情满怀。然而，使邓稼先感到前所未有激动的是，当历史发展到一千多年以后的今天，他正在为自己的民族营造一座新的"长城"。这座新的"长城"，将担负起抗击敌寇、抵御外侮的重任。

他们选定的这个冷试验场，是长城脚下的一座峡谷。进入峡谷，只见重重叠叠的山峦，松柏葱郁，春花竞秀，景色幽美。传说，这里曾经是抵御外寇入侵的古战场，如今，却成为了抵御新外寇的试验场。邓稼先和他的"辣椒"们，硬是在这个古战场开凿了一个具有历史意义的冷试验室。

当一堆篝火在山洞口燃烧起来时，闪动的火光把幽暗的石壁，把邓稼先那白皙的面孔映得通红。这熊熊燃烧的篝火，如同天际的星辰，象征着东方人蒙昧长夜的启明。

人类尽管早已远离洞穴，那是因为有了人类的文明；但是，今天他们为了人类新的文明，却又回到了洞穴。邓稼先想到，人类与洞穴是有缘分的。你看，人的生命就是孕育在母体的洞穴里，现在，他在燕山的洞穴里孕育着一颗"镇国之宝"。

性格原本非常柔和、非常文静的邓稼先，这一天变得风风火火。在长城脚下他跑来跑去，组织指挥这项试验。

邓稼先和工程技术人员一起，冒着刺鼻的火药气味，在山洞里操作。他们非常清楚，拌药桶里冒出的粉尘和蒸气，伤肝害脾。但是，邓稼先总是亲临现场，检查质量。有时，他甚至还偷偷拿走搅拌棒去拌药。他的行动没能骗过老院长李觉将军的眼睛。李院长走过去，缴了他的械，说道：

"小邓呀，这太危险了。你的岗位不在这里。"

实际上，在山洞里研制点火源，没有什么绝对安全的地方。他们就像居里夫妇研究镭元素那样，时时都处在危险之中。当年，我们的国家没有足够的经费去为他们购置必要的防毒面具。但是，他们毫无怨言，没有一个人退却……

应该说，原子弹的原理对邓稼先来说，毫无神秘可言。然而原子弹的全部构造，实现裂变的具体装置，对邓稼先来说，却是一个秘密的黑暗王国。于无声处，却隐匿着惊雷；于平静处，却隐匿着魔鬼，而这个魔鬼轻而易举地便可吞噬掉人的生命。当美国核物理学家执行"曼哈顿"计划时，洛斯阿拉莫斯核试验场的核专家爱德华·泰勒对原子弹的基本结构曾做过明确阐述："两个半球相靠近，相接触，当质量达到临界点时，就会产生链式反应引起爆炸。"

但是，这个临界点的细节和数据却是核国家的最高机密。邓稼先知道，美国核物理学家哈里·达格尼安在一次冷试验中，就因拨弄可裂变物质引起了链式反应，在不过几分之一秒之间，他的右手被辐射渗透，导致子射线穿透他的皮肤和内脏，一小时之后痛苦地离开了人世。另一位核物理学家路易斯·斯特洛金在一起试验中，他力图拾掇两个半球在一根螺丝杆上接近时，不慎，一个半球突然滑了过去，试验室闪起一片幽幽蓝光。尽管他迅即拉开了两个半球，使其中断链式反应。可是，斯特洛金还是被核能夺去了生命。

邓稼先知道在这条探秘之路上，到目前为止人类付出的代价，而他却沉着冷静，义无反顾地为祖国为人民迈出了求索的脚步。

邓稼先和他所领导的那个群体，是一个具有大无畏精神的科技群体，是一个忘我的英雄群体。邓稼先就是这个群体的带头人。

聂荣臻元帅和张爱萍将军到这个山洞来看望他们。聂帅感动地说：

"一个民族要有一股民气，一个国家要有一股志气。我在这里看到了这股民气，也看到了这股志气。"

这一天，实施具体轰爆试验的邓稼先，亲自指挥着一位工程师把电缆焊头接好。由于心情紧张，工程师的手直打哆嗦。这时，天气很坏，刺骨的山风怒吼着向洞口扑来。邓稼先解开自己军大衣的纽扣，两手撑开两扇衣襟，为操作的工程师挡风，也为他壮胆。接头焊好之后，接下来便是插雷管，这又是一个危险性极大的操作。邓稼先依然站在那里，为具体操作的同志挡风、壮胆。

有关测试的仪表一个一个接好了。

在尖锐的警报声中，人们撤离现场。

"起爆！"

随着邓稼先发出的指令，一声轰鸣在长城脚下的山洞中震响。

这是一次非常关键的冷试验。它证实，按照他们的理论方案设计的引爆系统，可以产生足够数量的中子。

点燃核裂变的大门，就这样被他们艰难地打开了。

就在这次冷试验不久，由邓稼先任副院长的九院要远迁到青海湖畔去。这就意味着，邓稼先率领的这支高科技队伍将要西出阳关，向荒凉的大西北挺进了。

行前，邓稼先连忙奔向朗润园，向二老双亲辞别。

这是一个阳光灿烂的春日，邓稼先轻步走向朗润园深处。当他跨进这所别墅式的宅院时，一阵浓郁的花香扑鼻而来。他深深地吸了几口清新的空气，顿觉神清气爽，一身轻快。

这古老的庭院，虽说是他的家，可是，每当他走进这里，总觉得非常神秘，又非常超然。碎石铺就的小径，连接着各个房门。父亲的书房前，几株紫白相间的丁香花正在盛开。一棵古槐尚未发芽，显示了它的高龄和尊严。槐树下，是一方开阔地，是人们纳凉的地方。他想起回国之初，常常静坐在这里或是读书，或是遐想，或是与树上的小鸟对话。

在父亲的书房里，邓稼先坐在父母亲身边，他用惜别的眼神，仔细地端详着二位老人。他发现双亲明显地衰老了。日渐稀疏的白发，缺损的牙齿，蹒跚的步履，都在向他提示，应该在双亲跟前多多尽孝了。可是……他，他的心在隐隐作痛！

△ 邓稼先与夫人许鹿希及他们的女儿、儿子

　　他环顾着房间中那陈旧而简单的陈设，好多还是祖辈留下来的，很多家具比他的年龄还大。父母亲操劳了一生，也节俭了一生。但是，父亲这个家却是简而不陋，朴而不俗，保持着高雅怡然之气。想到此，他反而觉得在这个熙熙攘攘的世界，很需要有这样一块净土、一方静室。父亲之所以一直保持这样的心境和环境，是跟他的个性和修养分不开的。邓稼先从中领悟到，大凡内心世界丰富的人，其生活总是简朴的。父亲总是为自己确立某种精神价值："不以物喜，不以己悲。"这是父亲的处世之道。

　　邓稼先从内心深处敬重他的父母。邓稼先孝顺父母，在朗润园有口皆碑。他每次回家看望父母亲，第一个节目便是与他的儿女典典、平平在老人面前打闹一番，或摸爬滚打，或出一些洋相，逗得二位老人开怀大笑。接着，就是为父亲按摩腰腿，或为母亲捶背。早年，朗润园里冬季没有暖气设备，因为是坐落在湖畔的平房，室内又凉又潮湿。晚上睡觉前，他总是先脱掉外衣钻进妈妈的被窝里，暖一会儿后，再请妈妈脱衣上床。

典典和平平自幼就知道，爸爸是最听奶奶话的"好孩子"。

一次，平平问爸爸："爸爸，你最听谁的话？"

他回答说："我最听党的话。"

平平又问："党听谁的话？"

这一下把他问住了，他一时答不上来。

这时，平平把头一歪说道："告诉你吧，党听奶奶的话。"

一句话出口，老母亲笑得前仰后合，连一向持重的老父亲也不禁捧腹大笑。

今天，邓稼先回来，没有带妻子儿女，没有进行那些例行的项目。他忍着眼中的泪水，用低低的声音告诉父母，他要出一趟远门。母亲问他，去哪里？他摇摇头，说不知道；母亲又问他，去多久？他摇摇头，依然说不知道。对此，父母是可以理解的。但是，儿子毕竟是自己的心头肉啊！母亲关切地说：

"你不能换个新课题研究吗？瞧你，为那个氚呀氚呀的，弄得连家都回不来，把人也折腾呆了、哑了。看你这个样子，真让妈妈我心痛啊！"

他咽下泪水，强作欢颜，笑着对母亲说：

"妈妈，我早就改换研究题目了。只是因为工作太忙，不能常来陪陪妈妈和爸爸呀！"

说到这里，他站起身来，依依不舍地告别了父亲和母亲，嘴里不住地安慰二老，说他有机会回北京时，就来看望父母。

→ 揭开中国核试验的序幕

★★★★★

青海高原在雷鸣般的巨响原理性试验中震颤了——
这威猛的声响，论证了由邓稼先签署的那个原子弹总体计
划，获得了成功，从而，揭开了中国核试验的序幕。

邓稼先真的隐没了。妻子不知道他干什么去了，父
母亲也不知道他干什么去了，所有的亲朋好友都不知道
他干什么去了。

——岂知，他正在祖国大西北的青海湖畔，在青
海草原某地的核武器研究院继续着他的原子弹事业。
这里海拔三千二百多米，年平均气温零下四摄氏度，
高寒缺氧，自然条件非常恶劣。这里的冬季是最难熬的，
时间长，风雪多，气温低，在室内工作，还要穿得厚厚的。
夜晚，很多年轻人最怕钻那如同冰窖一般冰凉的被窝，
早上起床，往往因为夜晚从被窝里冒出来的热气遇冷
后变成霜，把头发和被头冻在一起。国家把核武器研
究院设在这里，也有它最大的好处，那就是保密。因为，
他们几乎与世隔绝了。

在这样恶劣的环境里搞科研，其困难之大可想而

知，压在邓稼先肩头上的担子分量之重，也可想而知。他不仅需要有出色的组织、指挥才能，也需要有高度的凝聚力。把这与世隔绝的冰雪世界，变成一个团结战斗的欢乐窝。

科研之余，他教青年们学唱京剧《望江亭》、《杨门女将》；他还发明了一种叫做"双抠"的扑克牌玩法，玩起来十分有趣，很快便在全院普及开来，被称之为"院牌"。他还教青年们学体操，有时室外因为风雪大无法活动，便在室内玩"跳马"，他常常是第一个弯下腰手扶地当"木马"，让年轻人一个个从背上跳过去。人们玩得出了汗，可是，邓稼先的手脚却冻麻、冻僵了。

一天，他们正在室内玩"跳马"，李觉将军看见邓稼先正伏在地上让青年们排着队扶着他的脊背跳跃过去，人们跳得满头大汗，玩得十分尽兴。老将军感慨良久，将邓稼先扶起来。笑着感叹道：

"好一个'娃娃头'啊！"

这个"娃娃头"把欢乐带给青年人，而青年人在他的指挥下，把优异的科研成果奉献给祖国。经过不懈的奋斗，他们在青海高原造出了一位名叫贝达·珈玛·阿尔法的美神——原子弹试验模型。

此时，中国第一颗原子弹的研制，在西北基地形成了总攻态势。

为验证已经完成的理论设计和一系列试验结果，1963 年 11 月 20 日，在青海高原进行了缩小比例的聚合爆炸试验，使得理论设计和一系列试验结果获得了综合验证。

由于国家为他们规定了第一颗原子弹爆炸的时限，所以，不再允许多种方案齐头并进，而必须当机立断，作出某种选择，集中力量进行重点攻坚，以便迅速取得战果。无疑，这样的"攻坚"，大大增加了其难度和危险性。

邓稼先是这种"当机立断"的决策人之一。所以，他要求自己在试验中必须身先士卒。在做一次试验时，炸药爆炸出现异常，里面的核材料迅速泄漏。在场的邓稼先一步冲上前去，指挥在场的人员立即撤离，他自己却走在了最后。因此，他遭到核材料放射性的辐射。

1963 年 3 月，第一颗原子弹的产品结构方案和炸药部件的加工工艺，及早进行试验。

这时，他们首先想到了那个"美神"。她是进行原理性试验的首选模型。

这个"美神"很娇贵。她经受不住震动，因为震动会引起爆炸。

怎么办？修路是来不及了。青海高原原子城的科学家们开动脑筋，想出了上千条试验方案，最后筛选出了一个颇具中华民族传统文化风俗的运输方式——抬花轿。

核研究院党委刁书记，主动拿出了他刚刚买来的新沙发，说："就用它抬着'新娘'出嫁吧！"

有了沙发轿，但是如何抬得平稳还是一种功力。这要求"轿夫"行进的脚步要协调一致。为此，还得有人喊号子。"花轿"在变得嘶哑的号子声中缓缓来到试验场区。"大执宾"的号子声在"花轿"落地的一刹那，西北高原的冰峰雪岭都在探首注视着这奇特的"婚礼"。

终于，高原在雷鸣般的巨响中震颤了——这威猛的声响，论证了由邓稼先签署的那个原子弹总体计划获得了原理性试验成功，从而，揭开了中国核试验的序幕。

1964 年 10 月的一天，美国联邦调查局将一份紧急情报呈送到总统和参谋长联席会议的办公桌上："中国即将爆炸第一颗原子弹。"从此，白宫和克里姆林宫的电话专线开始忙碌起来。世界战略态势即将产生一系列重大变化。

中国核技术人员的杰作——"美神"的出世，惊动了白宫。

1963 年 8 月 5 日，美、苏、英三国签订了禁止在大气层内进行核试验的条约。中国和法国拒绝在条约上签字，这使得当年的美国总统肯尼迪大为恼火。11 月，他准备在得克萨斯州的讲演中，重点对中国施加压力，并进行新的核讹诈和核威胁，企图阻止和延缓中国研制核武器的进程。

但是，没有料到，这个骄纵一时的肯尼迪，就在这次旅行途中，遇刺身亡……

刚上任的美国新总统约翰逊从白宫秘书手上接到的第一份电文，就是美国侦察卫星发回的情报：

中国在青海高原正在进行原子装置试验准备。

约翰逊对此似乎有些不屑一顾。他把电文稿一扔，转身做他的就职演说去了。这位美国新总统像他的前任一样，根本不相信中国能在短期内炸响原子弹。

然而，中国人的的确确正在朝着自己的既定目标迅速前进着。

1964 年 5 月，中国第一颗原子弹在青海高原原子城总装成功。两个月后，"原子城"的科研人员陆续向着新疆罗布泊试验场集结。

由于工作需要，邓稼先乘坐专机在祖国的大西北上空飞行已经多次了。每次飞行，他都像第一次坐飞机那样，怀着一颗童心，目不转睛地从舷窗审视着变幻无穷的苍穹。他最喜欢在凌晨飞行，因为只有那时，他才能看到夜晚与白昼的相交，昼夜相交的景色是最壮美的。赤橙黄绿青蓝紫七彩纷呈，它们时而互相重叠，时而边际分明，经历这千变万化之后，便是万道金光射向舷窗，一直到耀眼的阳光使他再也睁不开眼睛……

当专机飞临罗布泊上空时，他极目大漠之雄浑，一种亢奋撞击心扉。这里曾经是水多草丰、商旅络绎的古楼兰国；这里曾经有过秦皇汉武折戟沉沙的慨叹，也曾有过成吉思汗萧萧战马的嘶鸣。机翼下闪过被沙土掩埋的古城堡，也许它就是古楼兰国的国都吧？曾几何时，它扼踞丝绸古道，商贾云集，而今，它已面目全非了。是大自然的恶作剧，抑或是战争留下的

"杰作"！由此，他想到了战争。他感到战争简直是一个怪物。历史上，人群与人群之间的矛盾，让历史扭成了死结，便会有暴力冲击这个死结，于是便发生了战争。当年，这个古楼兰国的领地上，确实有过血与火的拼杀，也一定会有一位将军，兴正义之师，横刀立马在这里抵御外侮。几千年几百年以前的昨天，这里曾经鏖战过，厮杀过；几百年几千年后的今天，这里的一切似乎都复归于平静了。因此，为了抵御核讹诈，抵御非正义战争，我们必须要有现代化的国防，要拥有我们自己制造的核武器。

专机降落时的震动，打断了他的思绪。一辆吉普车久候在停机坪边。他被请进吉普车里，朝着那高大的铁塔，朝着他战斗的岗位驶去。

当人类跨进公元 1964 年秋季，中华大地上一部令世人瞠目的巨幅画卷，将以它独有的方式展示在全世界面前。

大漠荒原上拔地而起的铁塔，像古代神话里正义之神的利剑一样，仰首伫立于天地之间。公路、铁路、飞机跑道经纬交织，把大漠切割成一条条、一块块，使得一座座装配、试验、监测、总装原子弹的宏伟建筑，与那矗立着高大铁塔的试验场地紧密联结起来。这就是神秘、遥远、壮观的另一座原子城——罗布泊的马兰镇。

马兰，原是核试验基地初创时期的一个生活点，在中国最大比例的地图上也找不到它。但它却日益繁荣，生机益然地活跃在戈壁滩上。

戈壁，在蒙古语中是指"难生草木的地方"。但是，当年的大学生们，以响应祖国的号召为自豪，他们情愿从四季如春的羊城，风景如画的杭州，繁华热闹的上海，庄严美丽的北京，汇集到这"难生草木"的地方安家落户。

这里最为奇缺的是水。走上百八十里也难找到一汪水。好不容易弄到一盆水，用处可多呢，先是用来蒸馒头，蒸完馒头大家早晨用来轮流洗脸，晚间用来轮流洗脚，洗完脚再用来和泥盖干打垒。

我国的核物理学家就是在这样恶劣的环境中，向欧美大国的核讹诈发起挑战的。理论物理学家邓稼先在这样恶劣的环境中不知度过了多少个不眠之夜。

这天夜里，皓月高悬，碧空清澈如洗。邓稼先漫步马兰营帐之中，他欣慰地想到：几天以后，我们的民族将会听到发生在楼兰古国的那声巨响，那将是震撼整个人类的一声巨响啊！

此刻，邓稼先漫步在马兰街头，只见众多的科技人员正为迎接我国第一颗小"太阳"的升起而紧张地忙碌着。新修的公路上，一辆辆运送试验器材设备的汽车在穿梭奔驰；场地上，科研人员对卸下来的器材设备正在进行认真检查、测试；各业务部门的领导干部也到场区现场办公、处理问题。昔日里寂静的戈壁滩，如今变得热气腾腾。这一切，都给了邓稼先更大的勇气和信心。当他走近场区抬眼望去，在高高的塔架上，赫然悬挂着16个醒目的大字：

严肃认真，周到细致，稳妥可靠，万无一失。

这是敬爱的周总理的谆谆教导。这16个字使邓稼先备受鼓舞，也警示他，在试验的各个环节上，不能有丝毫的差错。

为了洗雪昔日的国耻，邓稼先此刻正在罗布泊的大漠荒原，进行着最后的冲刺。

8月30日，试验场区进行综合预演，从原子弹的运输、装配、控制、测试、测量，到侦察、取样、回收、洗消等各个环节，进行全面预演。

远在北京的周总理，时时牵挂着这颗"镇国之宝"。周总理几乎天天都要通一次专线电话，他谆谆告诫大家：

"工作要扎扎实实，做到一步一个脚印。要通过预演训练人，考验各种准备工作。"

这期间，美国泰罗斯号探测卫星拍摄的照片，忠实地向其主人报告："中国即将爆炸第一颗原子弹。"

美国国防部和联邦调查局迅速将一份紧急情报呈送到总统和参谋长联席会议的办公桌上。

这份情报中写道：

一列神秘的车队沿着戒备森严的公路，朝核试验场开去。千百顶军用帐篷，像是雨后的蘑菇，一簇簇、一片片钻出地面。测试原子弹爆炸效应的一排排坦克、榴弹炮、卡车排成了长蛇阵。各种碉堡出现在沙丘之上。高楼、砖屋以及各种建筑物在大戈壁构成了一条长街。作为爆炸效应物的狼狗、白兔以及活蹦乱跳的猴子也相继走进长街。

在那条沙漠长街中央，耸立着一座高30米的钢骨塔架，电焊的弧光在高空闪烁着一串串蓝色的火花……

所有上述迹象都表明中国即将爆炸第一颗原子弹。

约翰逊看到这份报告之后，立即拨通了通往克里姆林宫的专线电话。这条连接着白宫和克里姆林宫的电话专线，是1962年古巴导弹危机之后，美、苏之间在出现核危机时对话用的。

这条热线，由于美国泰罗斯号发现中国进行核试验的准备情况而立即繁忙起来。电话、电报、传真几乎24小时不停。约翰逊政府企图拼凑新月形包围圈，对中国施加压力，将我国的第一颗原子弹扼杀在襁褓之中。

此时，大批美国军队开到台湾，第七舰队的核潜艇也开到中国大陆的沿海地带。一位美国记者毫不掩饰地宣称：

这样做是为了随时能够向共产党中国发射猛烈的核火力。

赫鲁晓夫则紧随美国的部署，命令沿中苏、中蒙边界驻扎的百万苏军进入战备状态。苏联的战略火箭总司令部也顿时忙碌起来，各种仪表上红绿黄色灯全天候闪烁着，一个又一个电报下达到西伯利亚原始森林中隐藏着的洲际导弹部队；一连串的电报下达到太平洋水下核导弹潜艇部队……

中国要爆炸第一颗原子弹的消息，迅速传到华沙条约国和北大西洋公约国组织总部。于是世界上这两个最大的军事阵营迅速将矛头对准中国这个即将拥有核武器的社会主义国家。

中国要爆炸第一颗原子弹的消息，传到世界战略分析家的寓所。于是，这些谙于战略分析的专家、学者们不得不停下笔来，重新评判世界战略态势即将产生的一系列重大变化。

一颗小小的原子弹引起的世界性的变化，远不止这些。在若干年后的变化，更是当初人们所始料不及的——

美国总统尼克松与中国总理周恩来在北京首都机场紧紧地握手……

日本首相田中角荣与中国总理周恩来在北京首都机场紧紧地握手……

事实再一次雄辩地证明，国际上任何政治的、经济的、军事的较量，其实质都是实力的较量。弱国无外交，是然。

两弹元勋

➡ 罗布泊升起了小太阳

★★★★★

自从楼兰国灭亡后，一千六百多年以来，罗布泊从未有过如此热烈的车水马龙。核试验部队和参加核试验的数百名专家和科学技术人员使得这片沉寂的土地沸腾了，这里即将升起一颗小太阳。

1964年初秋季节，一顶顶绿色帐篷点缀得已经沉睡千年的罗布泊生机盎然。一批又一批的仪器和仪表以爆心为圆心安装在远近各不相同的距离；一条又一条粗如手臂的电缆将爆心与各个控制站联为一体。张爱萍将军坐镇的指挥所设在孔雀河畔。沿着孔雀河临时搭起了一顶顶帐篷。邓稼先作为核试验委员会的成员虽然宿营孔雀河畔，但他的工作岗位却在距爆心不远的地方。

此刻，一些国家的侦察卫星、地震监测仪、海浪监测仪、探空气球等诸多仪器，一律调校到最高灵敏度，随时准备接受来自中国西部非同寻常的震动，本书的主人公邓稼先正置身于所有这一切探测仪器瞄准的中心地带。

10月14日，周总理下达了核装置就位的命令。

10月14日19时19分，我国第一颗重三吨的原子弹吊升到爆心的铁塔顶端。

试爆第一颗原子弹的铁塔，高达30米，身重80吨，采用无缝钢管结构，包括8467个零部件。塔顶设置了一间金属结构的小屋，我国的第一颗原子弹此时便静静地躺在里面，等待着自己施展威力的时刻。

3000台监测监控仪器与诸多效应物围绕着爆心各就各位。

马兰机场上，14架担负取样和剂量侦察的飞机，经过严格的穿云破雾训练，已经做好了一切准备。

雷达系统对数百平方公里禁区实行了周密严格的空中警戒。

兰州军区和新疆军区的空军部队奉命进入了战备状态。

10月14日，北京中南海的会议厅。

周恩来总理代表中央军委和国务院向全体中央领导人作原子弹试爆准备就绪的汇报。

会场的气氛庄严肃穆。毛泽东、刘少奇、朱德、陈云、邓小平、李富春等同志全部在场，人人神情专注，认真仔细地听取周恩来总理的汇报。

周恩来总理在汇报的结尾处，阐述了我国政府关于核武器的原则立场，并请毛主席讲话。

毛泽东主席站了起来，就核武器问题发表了极为重要的谈话。他说道：

"我们即将有资格向全世界各国政府建议，召开各国首脑会议，讨论全面禁止和销毁核武器的问题。作为第一步，各国首脑会议应当达成协议，即对有核武器的国家和很快可能拥有核武器的国家承担义务，保证不首先使用核武器，不对无核地区使用核武器，彼此也不使用核武器……"

从此，毛泽东主席的这段谈话，便成为中国发展核武器事业的一贯立场和方针，得到了全世界多数国家的赞扬。

1964年10月16日凌晨2时，核试验委员会结束了最后一次"零时"前会议。会上决定，16日上午，由两位工程师登塔完成原子弹引爆装置的最后安装，而后撤出爆心危险区。为使安装工程无后顾之忧，特别指定基地司令员张蕴钰、九院院长李觉、副院长邓稼先等陪同安装人员完成这项工作，并最后撤离爆心危险区。

16日清晨，高擎着原子弹的铁塔周围十多千米范围万籁俱寂。各部队、各参试单位均已撤至安全地带。罗布泊第一次感到了大战前的宁静。吼叫着的朔风呜呜地绕行于飞机、坦克、大炮等效应物阵地。

1964年10月16日6时30分，工程师赵维晋携带雷管开始攀登铁塔。

他稳健地沿着迂回向上的铁梯登上塔顶，极目远望，只见东方已经破晓，戈壁荒原披上了蒙蒙曙光。深秋的晨风带来阵阵寒意，面对这个三吨重的"铁西瓜"，面对手中沉甸甸的雷管，心中难免有些紧张。

"不要慌，慢慢来！"

塔下传来邓稼先的呼唤声。

时针指向了10时，插接雷管的操作结束了。赵维晋长长地舒了一口气，揉揉由于紧张而疲惫的眼睛。这时，一轮火红的太阳从东方冉冉升起。光照寰宇，辉耀九天。

赵维晋走下塔梯，和邓稼先紧紧握手。一直守候在一侧的张蕴钰和李觉接过工程师揭下的墙上那张操作规程表，各自签了字。

李觉问："通电了？"

赵维晋回答说："通了。"

人们脸上布满少见的严肃。

"撤吧？"李觉问张蕴钰。

"撤！"张蕴钰说，"把毛主席像摘下来带走。"一个工程师摘下挂在墙上的主席像。保护毛主席像是那个年代举国上下的重要政治举动。

张蕴钰对李觉说："这张签了字的规程表应存入档案。"说完，他最后扫视了屋内那颗原子弹一眼，拉上门说："下塔！"于是，他们分头坐进两辆吉普车，连同在塔下站岗的战士们，一块儿撤离爆心。

当吉普车开出几百米时，张蕴钰将军又让车停下来，他探出头再次看了看安排在大漠中的那条长街……

11时许，撤退得空无一人的大漠长街，显得沉寂空旷。各种仪器待命启动。作为效应物的猪、狗、羊、兔、猴子，全然不知四个小时之后会发生什么样的情况，正耍闹着咀嚼着食物。试验场区像是一艘静泊港湾的航船，随时准备起锚远航。

1964年10月15日，周总理又度过一个不眠之夜。16日上午，聂荣臻元帅来到周总理办公室，与总理守候在电话机旁，随时与身在罗布泊的张爱萍将军保持着联系。辞别了十几年的战争生活仿佛又回到了眼前，仿佛是守候在西柏坡农舍里的收发报机前，等待着平津战役进展的军情报告。

"我是张爱萍，我向你报告，最后的安装工作已经顺利完成。原子弹已经通电。请你指示。"

周恩来总理在北京办公室握着电话听筒，一字一顿地说："中央批准'零时'定在今天15时，预祝你们成功！"

周总理放下电话以后，与聂帅一起走出西花厅，走向人民大会堂，他们将在那里接待外宾，接待刚刚出访亚、非、拉诸国后凯旋的东方歌舞团和有关驻华使节。

大漠荒原的核试验场。"零时"前三小时，各个岗位进入待命状态。

在控制中心的坚固工事里，张震寰把观察孔的厚钢板拉开了一条缝隙。这位国防科委的副秘书长此刻最渴望亲眼目睹原子弹成功爆炸。而令李觉最不安的仍是那个无法捕捉的参数。邓稼先所担心的是数千台监测仪器能否准确地记录下原子弹爆炸过程。

1964年10月16日下午，北京人民大会堂宴会厅。

周恩来总理正在宴请访问亚、非、拉各国圆满归来的东方歌舞团全体成员，以及有关国家的驻华使节。周总理以他那特有的外交家的潇洒风采，穿梭于众多的中外宾客之间，频频举杯，不时说句幽默的格言和风趣的哲语，使宾客感受到一种深邃的东方文化和宾至如归的温暖。

站在周总理身旁的外交部长陈毅，比在场的任何人都了解周总理此时的心情。他知道周总理正牵挂着一件能震动世界的大事——再过一会儿，中国的第一朵蘑菇云将要从西北大漠升起。

这时，周总理抬腕看了看手表，转过头来又看了看陈毅。

陈毅立即示意秘书到电话间。于是，秘书走进那个安装着直通核试验场电话的房间，守在红色电话机旁，等待着那激动人心的消息。

这时，时针指向了下午2点50分。离核试验起爆时间只差10分钟。

大漠荒原的核试验场。

此时的邓稼先走下一辆吉普车。他戴着一副防护眼镜，站在距爆心10千米的指挥部地下室门口，急切地眺望着应该准时出现在西斜的太阳底下的最后一辆军用吉普车的影子。因为那是拆除原子弹最后一级保险的刘工程师乘坐的吉普车。它归来的时间，是经过精细计算的，因此它是个非常重要的信号。

整个核试验场的千军万马，都在各自的岗位上凝神屏息，等待着那辆吉普车归来。

"滴答，滴答……"

手表秒针微弱的走动声在寂静的沙漠里，一下子变成了深山古刹悠长的钟声，沉重地扣击着邓稼先的心扉。

噢！一个小黑点出现在大漠的地平线上，邓稼先终于看清楚那是一辆卷着黄沙飞驰而来的军用吉普车。

邓稼先看了看手表。这时距起爆时间只差 30 秒钟。他和几位将军一同回到地下室的指挥所，穿过眼花缭乱的仪表群，在指挥席上落座。

这时，大漠上空的太阳，似乎也在天际驻足，静心地等待着将要在瞬间与它争辉的人造太阳。

突然，地下指挥所里的警报器拉响了，尖利的叫声掠过试验场区上空。高音喇叭里传来了倒计时的声音：

"10、9、8、7、6、5、4、3、2、1。"

"起爆！"

顿时，铁塔顶部被火光笼罩，一颗猩红色的硕大火球冉冉升起，气浪奔涌，变幻翻卷，直冲云天。

几秒钟后，茫茫戈壁上空似乎升起了无数颗太阳，千倍于太阳的强光照耀着大漠；接着，突然从地球深处传来一阵闷雷般的巨响，这惊雷滚过了千年大漠荒原，撼动着广袤的寰宇。

又是几秒之后，那连天大漠又一次勃动了，托出了一团鲜活的美妙无比的蘑菇状云团，那燃烧的云团翻腾着、舒卷着、扩散着，构成了一座壮观的山峰……

巨大的铁塔倒下了，永久的丰碑耸立起来。

作为效应物的坚固建筑着火了，坦克、装甲车、火炮被气浪冲走了，列车被掀翻了、熔化了，大漠的沙石变成了五颜六色的玻璃体。这一切都是在几秒钟之内发生的。

这是毁灭，也是新生。

这是战争的演示，也是最有音响效应的和平宣言。

◁　那连天大漠勃动了，托出了一团鲜活美妙无比的蘑菇云团，那燃烧的云团翻腾着、舒卷着，构成了一座壮观的山峰……

邓稼先和他的战友们，像一股奔腾的潮水，争先涌出地下指挥所。

就在蘑菇云冉冉升腾的时候，人潮沸腾了。人们兴奋地欢呼，疯狂地跳跃，帽子、衣物飞上了天空。他们紧紧地拥抱，彼此祝贺着！六年啊，六年的心血，此刻全部融进了这一团火球之中了……

此刻，邓稼先看到了人们激动的神情，看到了人们眼角里晶莹的泪光。当人们挥舞着毛巾、帽子向他欢呼时，他的视野里一片模糊，他的心里却一片平静。这是经历了多次曲折、失败最后取得成功时的那种特有的宁静。对于一个核物理学家、一个核武器的研制者，还有什么比此刻呈现在高空的蘑菇云更令人欣慰的呢？

北京人民大会堂宴会厅。

"丁零零……"电话铃终于响了。

此时，周恩来总理已经等候在电话机旁，他迅速接过话筒。

"我是周恩来。"

"我是张爱萍，报告总理，原子弹爆炸成功了!"将军的声音有些颤抖。

"好，我代表党中央、国务院、中央军委，向全体参加此次试验的科技人员和解放军指战员、工人同志们表示热烈的祝贺和衷心的感谢!"周总理如释重负，和陈毅同志相对一笑，又迅即拨通了毛主席的电话。

"主席，是好消息，我们的试验成功了!"

毛主席也同样很激动，他将手中的香烟灰磕进烟灰缸里，用他那诙谐的语言回答周总理说：

"极好，现在我们应该奖给赫鲁晓夫一个一吨重的大奖章了!"

是的，毛主席不会忘记 1959 年 6 月，赫鲁晓夫一夜之间撕毁合同，撤走全部在华专家，深深刺痛中国人民感情的那一幕。但是，正是这个赫鲁晓夫又帮了我们的大忙，他硬是逼得我们中国人独立研制出"59·6"争气弹来了。

然而，意味深长的是，这个赫鲁晓夫竟无缘得到这枚奖章。因为，他在前一天已经被赶下台。这真是历史的巧合。

邓稼先和他的"辣椒"们在返回营地的路上，迎来了院党委书记，他将邓稼先拽上小车，塞给他一张机票，低声告诉他："你母亲病危。"

第二天下午，邓稼先乘坐乌鲁木齐到北京的特种航班飞机，在北京西苑机场降落。邓稼先满怀焦虑地走下舷梯，一眼看到了妻子许鹿希。妻子没有寒暄，立即把他拉上停机坪附近的一部车子。车启动后，他焦急地问道：

"妈妈怎么样?"

鹿希说："妈在盼你呢，我们无法向妈妈作解释。你这些年做什么事情，我们谁都不知道，你应该告诉她老人家……"

"希希，对不起，这是纪律。"邓稼先不无歉疚地说。

邓稼先说的是实话。身为中共中央委员的邓颖超大姐，在未看到16日的《人民日报》号外之前，对此事几乎一无所知。她只知道几年来总理常在深更半夜站在西花厅迎送的是一些科学家，却不知道他们都是研制原子弹的啊！

小车直接开进医院。母亲再一次从遥远的冥界返回人世，她在苦苦地等待着昼夜思念的稼先儿啊！

妈妈的面容是那样清癯、消瘦。她听到了稼先儿的呼唤，吃力地睁开眼睛，嘴角微微颤动了一下，伸出一只手，把稼先的手紧紧抓住，唯恐他再离去。

妈妈的手已经瘦得皮包着骨头，而且肌肤冰凉。邓稼先赶紧用自己的那双大手抱紧妈妈的手，给妈妈温暖着。

片刻，妈妈把手抽出，哆哆嗦嗦地从枕下摸出了那张套红"号外"，用颤抖的声音问道：

"稼儿，能告诉我吗？"

稼先跪在病榻下，再一次抱着母亲那双冰凉冰凉的手，哽咽着回答说：

"是的，妈妈，我们成功了！"

"稼儿，怎么不早对妈妈说？"

"妈妈——"邓稼先伏在床边痛哭起来。

妈妈用手抚摩着稼儿的头，微笑着合上了双眼。她得到了最大的满足，妈妈睡了。

此刻，稼先伏在妈妈的床边，竟然呼呼地睡着了。

他实在太累了，太疲劳了。然而，妈妈这一睡就再也没有醒来。她永远地安息了。稼先是在睡梦中送走妈妈的。

本书写到这里，笔者想到了美国《纽约时报》曾经刊登的一则独家报道，愿摘录于下，请读者看看这则报道，即可明了这看似无情的纪律是何等重要。

这则报道的标题是：台湾企图发展核武器的秘史。

文中这样写道：

1964年10月，中国内地第一颗原子弹爆炸成功，蒋介石急了，他敦促美国对内地的核设施发动攻击。随后，台湾便开始谋划搞它的核武器。

研制工作在中山科学院和下属核能研究所进行。南非提供了100吨铀，美国提供了钚。台湾声称购买这些材料是为了"民用研究"。

1978年，蒋经国上台以后，核计划更加秘密地进行着。估计到1988年左右就可以制造出原子弹。可是，就在这个时刻，核能研究所副所长张宪义窃取了核武器计划机密文件及其有关资料，在美国中央情报局协助下，于1988年1月9日，"叛逃"到美国。张宪义向美方透露了台湾发展核武器的详细内情。美国随即向台湾方面施加压力，令其中止它的核武器计划，美国还拆除了台湾一座价值18.5亿美元的重水反应堆。台湾当局答应美国，此后不再发展核武器。

张宪义，1943年生于台湾台山县。大学毕业后被分配到中山科学院核能研究所服役。1972年赴美国进修，三年后获工程博士学位回到台湾。1984年，他升任核能研究所副所长。台湾当局没有料到张宪义早在上军校时就被美国中央情报局接纳为间谍了，而且培养了20年。

这桩"间谍案"顿时在台湾高层内部引起震惊。1988年1月13日，蒋经国被告知此事，岂知蒋经国就在这一天去世了。

当台湾当局为蒋经国"奔丧"的同时，在大洋彼岸，张宪义则在美国国会的秘密听证会上作证，把他所掌握的关于台湾研制核武器的内幕全部捅了出来。

台湾发展核武器的计划，辛勤耕耘了二十多年，就这样流产了。

当然，这则报道是后话，据我们所知，世界各个核国家的原子武器开始起步时，无一例外地采取了"不露一点风声"的保密措施。

当晚，在核爆炸现场拍摄的纪录影片空运到北京。周总理尽管已经连续 24 小时没有休息了，仍然组织有关人员审看影片。

当银幕上映出那一朵似鲜花盛开的蘑菇云时，周总理带头鼓起掌来。放映结束后，他风趣地说道：

"毛主席讲，我们应该给赫鲁晓夫发一个一吨重的大勋章，感谢他促使我们搞出了自己的原子弹。可惜，这枚勋章赫鲁晓夫戴不上了，他下台了。"

影片的动人情景，已经使得在场的人感奋不已，周总理的一席话，更引起一片热烈的笑声和掌声。

三十多年过去了，罗布泊那片琉璃体容颜依旧。敬爱的周总理和我们所尊敬的聂荣臻元帅都已先后仙逝。那批功勋卓越的核物理学家理所应当地受到中共中央、国务院、中央军委的表彰，并授予或追授他们"两弹一星功勋奖章"。这枚功勋奖章他们受之无愧。试想，倘若至今中国仍踯躅于核门槛之外，那我们的处境将会如何呢？

➡ 亮起永恒的太阳

★★★★★

西方世界不得不承认：中国第一颗氢弹无论在技术水平上，还是在发展速度上，都优于其他核大国的初期水平。

那是 1964 年的初冬时节，刘西尧、钱三强和邓稼先接到通知，要立即去面见周总理。

他们乘坐的小轿车从中南海的西北角大门开进去。然后，他们沿着非常熟悉的那条甬路快步走向西花厅。

在飒飒西风的扫荡下，西花厅前的柳林荷塘以及周总理喜爱的海棠树叶，都纷纷败落，唯有室内几盏傲霜的菊花簇金拥银，给总理的这几间旧平房平添了几分生机。

总理崇高的道德风范和伟大的人格力量，以及对青年一代的深切关怀，吸引和影响了一代又一代核专家。

周总理的谈话很快切入正题，总理亲切地问道：

"'59·6'爆炸成功了，下一步你们有什么打算啊？"

"总理，下一步便是武器化、实用化了。"刘西尧回答道。

这时，总理微笑着摆摆手说道："西尧同志，我不是问这个，我说的是氢弹。"

"氢弹？"刘西尧坦率地说，"总理，它比搞原子弹可要复杂得多呀……"

"是呀，正是因为氢弹技术比原子弹更复杂，威力更大，所以，我们才更要加快氢弹研制的步伐嘛！"总理的口气是严肃的，他继续说道，"当我们还没有原子弹的时候，人家耻笑我们20年也造不出来；现在，我们有了原子弹，人家又说我们有原子弹不算什么，距离有氢弹、洲际导弹还很遥远。总之，人家就是看不起我们中国。"

说到这里，总理那严肃的神色中增加了几分刚毅。他加重口气，说道：

"我们中国人要争这口气！氢弹技术、运载技术当然比较复杂，但是，我们一定会掌握的。西尧同志，氢弹的事，你们抓紧办吧！"

于是，当"59·6"的爆炸烟云还在太平洋的高空飘散之际，一场研制氢弹的攻坚战又在中国这块神圣的土地上打响了。

这是一项比研制原子弹更为复杂的尖端科技。正如周总理所说的那样，氢弹绝不是在制造原子弹的基础上再提高一步就可以了。它们的基本原理大相径庭：原子弹是靠原子核一连串的裂变，由此释放出巨大的能量，叫做核裂变；而氢弹则恰恰相反，它是把两个原子核聚合成一个原子核，在聚合的同时，释放出巨大的能量，叫做核聚变。

从基本化学公式来看，氢原子核只有一个质子，带正电；核外只有一个电子，带负电。

用一个通俗的比方来说，原子弹是用中子做火柴，去点燃裂变材料，引起爆炸；而氢弹则是用原子弹当火柴，去点燃聚变材料，引起爆炸。

对氢弹来说，原子弹只不过是一根火柴。

当年，世界上只有美、苏、英三国试验了氢弹，但对其原理和结构方程式均严格保密。邓稼先和他的"辣椒"们，除了知道氢弹的标准资格应达到的 TNT 当量，以及在研制过程中必须进行大量的计算之外，其他则是一片空白。

面对这一片空白的世界，邓稼先想到了许多，他想到了美国一位研制氢弹的专家曾经说过的话："搞氢弹就像是迷失在原始森林的孩子一样，既充满着危险，又与外部世界隔绝，即使自己有一颗古代炼丹士的心，也难免陷入地狱和苦海里挣扎。"

邓稼先与这位美国专家所不同的是，他以苦为荣，以苦为乐。邓稼先同时也想到了赫鲁晓夫下台前访问美国时的一次演讲。赫鲁晓夫的口气无疑是以实力做后盾的。

当年一位美国记者问得多么一针见血啊！

记者说："赫鲁晓夫先生，你的演讲打动了在场的每一位听众，我觉得你不是在演讲，而是以一个天鹅骄傲的心在歌唱，这实在是太精彩了。"

"是吗，我的演讲真像是天鹅在歌唱吗？"赫鲁晓夫骄傲地睁大眼睛。

"赫鲁晓夫先生，请问，是你在演讲，还是你的核弹在演讲？是你在歌唱，还是你的氢弹、原子弹在歌唱？"记者幽默地问道。

"我的核按钮在陪伴我演讲，我的氢弹、原子弹在为我伴奏。"

多么绝妙的核讹诈的自白！

赫鲁晓夫一语道破了一个真理：目前，氢弹、原子弹是一种国力的标志啊！因为在这弱肉强食的世界，氢弹、原子弹是霸权主义者进行核讹诈的资本，又是正义的人们护身的法宝。我们的祖国眼下需要这种东西啊！

面对氢弹这个更为神秘难解的方程式，面对这个世界级的难题，邓稼先和他的"辣椒"们，没有捷径可走，他们只有迎难而上，充分发挥每个人的积极性，形成强大的攻击力。

邓稼先所倡导的浓厚的学术民主风气，激发着每个人的智慧和才华。在这里，每个人都可以大胆发表自己的见解，谁有道理，谁就是权威。

在邓稼先看来，科学家的理想是通过科学家之间的互相切磋来实现的。科学家的发明创造，与其说是通过研究、试验，还不如说是通过相互摩擦和相互碰撞完成的。玉不琢，不成器，此之谓也！有一种说法，由12颗钻石制成的器械，可以磨光另一颗钻石，便是这个道理。所以说，一个科学巨人的科学发现及其崛起，至少要站在12个科学巨人的肩上。

时间一天天过去了，到了1965年5月，挫折和困难接踵而来。"辣椒"们好不容易计算出来的一个重要数据，经过认真复查，发现与原设想有很大出入。这就意味着，原来构想的方案要推倒重来。接着，"白鸽"、"白羊"们所构想的另一种新模型，经过严格计算，发现它达不到预想的要求，也就是说，这个模型造出来的不是氢弹。两种方案均告失败。

失败的痛苦啮咬着每个人的心。

"老邓，是好消息。有门儿了。"科学家于敏似乎有了新的发现。

"门儿在哪儿？快说！"

"引起核聚变用压缩热核材料的办法，是可行的，因为……"

于敏简略地向他叙述了自己的构想，邓稼先边听边点头，说道：

"好，是个门儿。请抓紧时间，上机运算。如果能推算出合理的数据就有希望。"说完，他高兴地拍了拍于敏的肩头。

上机运算，这本是一件常事。但是，运算于敏提出的构想方案，不仅西北基地现有的计算机不能胜任，就连当时首都也没有胜任这项任务的计算机。

怎么办？邓稼先听说上海华东计算机研究所有一台大型计算机，便满怀信心地对老于说，我们立即与上海取得联系。

那时，邓稼先已经担任了核武器研究所的所长。为了氢弹早日诞生，他不知疲倦地飞行在西北—北京—上海之间。

1965年8月，上海酷热难当。于敏带领一干人马赶赴上海，直奔坐落在上海市郊区的华东计算机研究所。

于敏，的确是个德才兼备的核物理学家。他在年轻人的心目中，是一位良好的导师和带头人，在他的指导下，几个青年学者终于从计算机之中闪现出了一束智慧之光，这束微光终于照亮了通向核聚变的道路……

整个九院和核工厂都紧张地动员起来：

——理论部将未来氢弹的各个技术参数都一一推算出来，从总体上勾画出了它的结构和性能。

——根据理论部提供的数据，设计部绘出了一张张氢弹零部件的图纸，送交生产部加工制造。

——实验部则运用各种手段对氢弹的各个部件进行检验，如达不到要求，则重新修改图纸。

目标既定，整个核基地就像一部机器，协调地、高效地运作起来。

1966年10月28日，一座几十米高的铁塔在戈壁深处威武地竖起，塔顶上放置着氢弹原理试验的装置。按照邓稼先和于敏设计的理论方案，将在这里进行氢弹原理试验。

为了保证测试一次成功，邓稼先与参加测试的人员同住一个帐篷，与工程技术人员一起，认真查对仪器导线，检查虚焊。为此，他已经两个昼夜没有合眼了。

在狂风中支起的那座帐篷里，被狂风打得颤抖着，四面跑风漏气。虽说帐篷内升着火炉，依然冷若冰窖。走进这冰冷的帐篷，邓稼先的脑子里常常会出现那句小诗："火烤胸前暖，风吹背后寒。"

一天晚上，一条两尺多长的青蛇爬进"朝天椒"的被窝里来取暖。

次日清晨，"朝天椒"乐呵呵地向人们宣告："昨夜，蛇仙'小青'害怕寒冷，竟然找到我这里避难来了。"

在乐观的气氛中，人们认真地进行着各项工作。经过联试，仪器运转全部正常。

邓稼先所企盼的"零时"到来了。

他戴了一副墨镜，站在距离铁塔 20 千米的掩体里，目不转睛地注视着那伟大的瞬间，那充满希望的闪光的瞬间。噢！他看到了，看到了那冉冉升起的蘑菇云。

啊，爆炸成功了！

试验部的测试人员全神贯注地进行速报计算。测试的结果清楚地向人们表明：

氢弹原理试验达到了预期目的。

氢弹原理试验表明："邓—于理论方案"切实可行，先进简便。

这天晚上，中央人民广播电台播发了经周总理亲自审定的新闻公报，宣布我国又成功地进行了一次新的核试验。

1967 年的初春季节，聂荣臻元帅来到核试验基地。他冒着料峭的春风赶到大西北，是专程为氢弹的又一次原理试验保驾护航的。

春季到了，但春意蹒跚。马兰招待所的大院里，已经成林的柳树梢头，些许显出一丝令人难以察觉的淡淡的绿芽芽。

聂帅每日清晨环绕着马兰湖边缓缓散步，他感叹地说："这里是全国最平静的地方，也是大有作为的地方啊！"

1967 年初夏季节，在"超过法国，为国争光"的口号召唤下，摆脱了动乱局面的严重干扰，我国的第一颗氢弹终于在青海湖畔制造出来了。

△ 1967年在新疆核试验场区。右一刘柏罗，右二邓稼先，右四郭永怀，右五彭桓武，右六王淦昌

　　一辆装载着氢弹的神秘专列，足足开了七天七夜，走遍了大半个中国，终于接近了新疆的罗布泊。

　　中央专委经过反复研究，确定6月17日8时为氢弹试验的"零时"。

　　1967年6月17日。罗布泊。

　　天气晴朗，上空飘浮着一片白云。时间在流动，白云在流动，黄沙在流动，邓稼先的一颗心在激烈地跳动。

　　经过精心梳妆打扮的另一位"新娘"就要出嫁了。

　　聂帅和张震寰先后来到试验现场指挥部———一座碉堡式的地下掩蔽所。邓稼先等早已迎候在这里。主持这次试验的聂帅作了最后的工作检查。他仔细地询问道：

　　"各队情况怎么样？"

"聂帅，一切正常。"张震寰回答说。

"观测取样的队伍都到指定的地点了吗?"

"都到了。"

"飞机情况怎么样?"

"正在挂弹，可以准时起飞。"

这时，聂帅指着掩蔽所那架红色电话机说：

"从现在到零后(即爆炸后)，总理将一直守候在电话机的另一边啊!"

掩蔽所的另一部电话铃响了，耳机里传来机场调度员的声音：

"飞机准备完毕，请求起飞。"

张震寰看了一眼聂帅，大声命令道：

"起飞!"

726号"轰–6"飞机威武地停在跑道上。驾驶这架飞机实施投弹任务的是徐克江机组。当机长从耳机里听到"起飞"的命令后，飞机的马达立刻轰鸣起来。

只见这架轰炸机喷吐着长长的红色火焰，怒吼着在跑道上移动、加速、升空……

机场上几百双眼睛注视着这只扶摇而上的雄鹰。

指挥部的首长们都在看手表。

零点定在8时(北京时间10时)。

试验现场的高音喇叭不断传出倒计时的命令：

"20分钟准备!"

"10分钟准备!"

"1分钟准备!"

在掩蔽所里，张震寰感到自己的心跳明显加快，口中发干。他提醒大家都戴上墨镜。

指挥部继续传出那使人心悸的口令：

"9、8、7、6、5、4、3、2、1，起爆！"

人们的目光一齐注视着预定投弹区的蓝天。可是，十几秒过去了，没看到火球的出现，也没有听到爆炸的声响。

这时，张震寰对着无线电话筒焦急地大声询问：

"机组，机组，怎么回事？"

"报告，报告！"话筒里传来同样焦急的声音，"我的操作少了一步，弹没有投下去。怎么办？请指示！"

在飞机上回话的驾驶员名叫杨国祥，副团职，人们称他大杨。

此刻大杨目不转睛地透过机舱注视着浩瀚的大漠，他依旧搜索着投弹的靶心。

大杨是驾驶飞机投弹的好身手，在核试验中，他已飞行多年。他随时准备着把生命献给这个神秘而充满风险的世界。

就在这次飞行以前，试验基地给他提供了一份报告，报告中写道：

美国有一次投掷核弹不成功，飞机把核弹扔进了土耳其附近的海域；美国20世纪50年代末进行过多次载弹着陆试验，起初，有时成功，有时失败……以后，成功率逐渐提高。

此刻，大杨想到了那份报告，他在问自己：西北大漠难道有大海吗？但是，他绝不会将氢弹掷向大海，那种事情绝不属于我大杨。

大杨屏住呼吸，轻轻地把手伸向投弹机关。他知道那机关在什么位置，闭着眼睛也知道，为这庄严时刻的到来，他练习过几十遍，核弹头应该沿着抛物线下滑了……

但是，奇怪的是当大杨把机头用劲拉起来时，飞机竟然没有反应，以前投弹时机关往上一蹿变得很轻松的那种感觉找不到了，机身仍旧沉甸甸的。

"糟啦！"大杨瞄准靶心，再一次用劲按动了操纵杆，飞机依然故我。于是，大杨连忙向地面报告了机上的情况。

地面的回答是："再转一圈。"

飞机又转了一圈，氢弹还是投不下去。

此时，大杨的心里真的毛了，他想道："难道我真的要重演美国的悲剧吗？"

第三圈依旧扔不下去。

飞机只能滑翔盘旋。机身下面吊着的是一颗氢弹啊！后果不堪设想。

大杨大汗淋漓，浑身湿透，眼睛也发红了，茫然不知所措。他又一次请示地面。

"聂帅，你看该怎么办？"张震寰向聂帅请示道。

"这样的大事，一定要向总理汇报。飞机在指定上空待命。"聂帅当机立断，作出临时处置的指示。

总理的电话迅速接通了。听取了汇报之后，总理极为镇定地说道：

"少做了一个动作，如果补上能再投吗？"

"可以试一试。"

"飞机的油料够不够？"

"够用。"

"那好。我批准，再重复投一次。告诉机组不要太紧张，要沉着，要冷静！"

于是，张震寰镇定地下达命令：

"各观测点注意，重新开始准备。机组修订航向，'零时'改在8时20分。"

倒计时器的响声，再次回荡在大漠上空。

飞机绕了一圈又回到靶区上空。

"告诉飞行员同志，不要惊慌！"这时耳机里传来了那既熟悉又亲切的声音。

啊，是周总理指示指挥部的声音，从北京传到了罗布泊，又从罗布泊传到了大杨的耳机上。

敬爱的周总理啊，他一直守候在中南海的电话机旁，似乎在陪伴着大杨。

"告诉飞行员同志，现在最需要的是冷静和镇定。"

听着周总理的谆谆教诲，大杨慌乱的心跳止住了。

"你们知道，发生这样的事情，在美国也是不乏其例的。完全不用着慌……"

这又是周总理那既柔和又亲切的声音，周总理真是了不起啊！他的洞察力穿越万里，他那伟大的声音飞荡在大漠高空，为大杨鼓足了勇气。此刻，大杨也正需要勇气啊！

"我们要充分信任飞行员，尊重他的选择！"周总理那信任的口吻，对大杨是莫大的鼓舞。

大杨眼含热泪，驾驶着飞机绕了一圈又回到靶区上空。

随着那干脆利落的"起爆"二字，氢弹顺利地投下来了。

降落伞准时打开了。

氢弹悬挂在降落伞下，缓缓下降。

邓稼先屏住呼吸注视着，注视着靶区上空出现的那个白色的圆柱体——这就是那个在大劫难中用他们的心血抚养出来的"新娘"啊，她终于"出嫁"了。

只见那个圆柱体摇晃着，飘飞着，滑行着……越来越远，只剩下一个小小的白点了。

8 时 20 分 10 秒，氢弹降落到预定高度，准时起爆了。

在邓稼先眼里的那个小白点，突然变成了白光，变成了照彻天宇的白光……

就在邓稼先被强烈的爆炸声震撼得眯了眯眼睛的一刹那，白光中凸现出了一团金色，犹如一个新生的太阳。它的出现，使得那个在大自然中具有永恒意义的太阳，变成了一颗小小的、没有光彩的黄色弹丸。

这个新生的太阳，最大直径有十几千米。空气中的水蒸气在冲击波的作用下，产生凝聚云，在大火球的上方，形成草帽状云雾，那云雾由下向上，由里向外，翻卷着，旋转着，变成了一朵乳白色的蘑菇云……

邓稼先的嘴角颤抖着，泪水模糊了双眼，在面颊上滚落着，滚落着。他的耳鼓留下了两声巨响：一声巨响是来自那个新太阳的爆裂，而另一声更为惊心动魄的巨响，则来自身后那绵绵无尽的天山山脉的回响。

氢弹爆炸后两分钟，发射了空中取样火箭，成功地获取了分析氢弹参数的发射性微粒样品。经分析，其爆炸当量和有关效应与理论设计完全相符。

"成功了！成功了！"

"辣椒"们首先欢呼起来。

"胜利了！胜利了！"

"白羊"、"白鸽"们也雀跃起来。

接着，所有可以腾出手来的科学工作者、工人、军人们都欢呼起来。

邓稼先和他的年轻伙伴们抱在一起，一个个哽咽着，泪流满面。

这是成功的泪水，也是幸福的泪水。他们的血汗没有白流。

从第一颗原子弹爆炸到氢弹爆炸成功，美国用了七年零四个月（1945年7月至1952年11月）；苏联用了四年（1949年8月至1953年8月）；英国用了四年零七个月（1952年10月至1957年5月）；而我们仅仅用了两年零八个月。

这是胜利的泪水，也是自豪的泪水。他们送走了近千个日日夜夜，赢得了时间，终于抢在法国人的前面，实现了总理的嘱托。

法国人在 1960 年 2 月爆炸了第一颗原子弹之后，直到 1986 年 8 月 24 日，才在太平洋试验了一颗 200 万吨当量的氢弹。

于是，"尖椒"改写了当年阿拉默尔果背诵的那首诗：

这一瞬间的辉煌，

超过一千颗太阳；

它如同圣灵逞威，

震荡着五洲四洋……

"中国氢弹的成功，超出了美国的预料。我注意到，美国进行 45 次原子弹试验才得到氢弹，而中国只进行 5 次原子弹试验，就把氢弹研制出来了。没有哪一个国家在这个领域中进展如此迅速……"

西方世界不得不承认：中国第一颗氢弹无论在技术水平上，还是在发展速度上，都优于其他核大国的初期水平。

勤劳勇敢的中国人民，再一次向全世界展示了他们的伟大信心、胆略、智慧和力量！

➔ 挑战死神

★★★★★

面对死神，他感到的不是心悸和恐惧，而是超脱于生死之外的冷静与平和，是勇士的豪情，是挑战死亡的神圣。

造出小型实战化的氢弹——这是邓稼先与他的"辣椒"们的新课题。

在他们的努力下，小型实战化的氢弹以飞快的速度出厂了。

小型实战化的氢弹试爆前，安装雷管是最危险的时刻。而这时，邓稼先的身影总要出现在操作人员的身后。

操作者发现了他，用命令的口吻喊道："邓院长，你躲开！"

邓稼先笑吟吟地说道："我来给你们壮壮胆儿！"

干这一行的人都知道，原子弹、氢弹的装配车间，就像"阎王殿"。车间里虽然有第一流的防护设施，但是，测试放射量的仪表的指针，常常指向尽头。车间里的工人们似乎能听到弥漫在空气中的恐怖的"咝咝"声响。

操作人员每一声轻微的呼吸，都牵动着邓稼先的心。然而，由于邓稼先的出现，操作人员那狂跳的心，会得以平静。他是他们的精神支柱，他是那些默默无闻的工人师傅最可信赖的朋友。

1979 年的初夏时节，一次偶然的事故发生了——在罗布泊上空，飞机空投小型氢弹，降落伞没有打开，氢弹从高空直接摔到了地上。

"9、8、7、6、5、4、3、2、1……"

倒计时的信号数码已经显示到零，但天空没有出现蘑菇云。

那个小小的氢弹哪儿去了？出了什么事故？邓稼先的心揪在了一起。

指挥部立即派出一百多名防化兵到事故现场去寻找。

时间一分一秒地过去了，防化兵在氢弹着陆区域里拉网搜寻，但是，没有发现氢弹的踪迹。

然而，这绝不是一件可以不了了之的事情，人们对于日本广岛、长崎当年遭受原子弹袭击的惨景记忆犹新。

邓稼先决定亲自去寻找。

"辣椒"们反对他去，基地司令员陈彬反对他去。陈彬语重心长地说："老邓，你不能去，你的命比我们的命都值钱。"

此时，邓稼先为生死与共的同事们对自己的真诚关怀所感动。但是，他已经顾不得大家的劝阻了。

放射性钚，在大自然中的半衰期是 24000 年。倘若侵入人体，便很容易被骨髓所吸收，在人体内的半衰期是 200 年。也就是说，它进入人体后，将终生伤害受辐射者的身体，永无解除之日。仅 1 克重的钚，就可以杀死 10000 只鸽子。

对于上述这些惊人的数字，邓稼先心中是再清楚不过的。可是，他还是拒绝了大家的劝阻，毅然走向吉普车。

核工业部副部长赵敬璞一看急了，也抢身上了吉普车，一同向戈壁滩深处驶去。

坐在吉普车上的邓稼先，这时还不知道是因为降落伞没有打开，氢弹直接从飞机上摔下去的。所以，他忐忑不安地思考着一连串的问题：究竟是什么事故？有几种可能？最坏的结果是什么？怎样避免损失……

他什么都想到了，唯独没有想到钚对自己的伤害。他只有一个目的，那就是一定要找到那个氢弹，探明事故的原因。

吉普车奔驰在戈壁荒滩，车中邓稼先等人在步步接近危险的地带。

其实，对于眼前可能发生的事情，邓稼先不是没有考虑，他作为一个科学家、一个军人，早已把生死置之度外。

车子在戈壁滩上乌黑的大鹅卵石上颠簸着，而这些乌黑的大鹅卵石又与那枚氢弹极其相似，使人很难一下子区别开。他们瞪大了眼睛，在车子的前方、右方和左方仔细地搜寻着……

找到了，出事现场终于找到了，那颗氢弹的残骸也找到了。尽管它是一颗没有试爆成功的氢弹，但是，它毕竟是邓稼先和他的"辣椒"们用心血凝聚的宝贝啊！

邓稼先要汽车停下来。他一下车，立即感到了这个现场对人身的伤害。这是一位核科学家的直感。他坚决阻止副部长和司机与自己同行。最后，他对着不听劝阻的两个人发火了。这是从他身上很少见到的火气，他大声说道：

"你们给我站住！你们进去也没有用，没有这个必要——"

后面的半句话他没有说出来，但是意思很明白，那就是："你们没有必要白白地作出牺牲。"

在邓稼先看来，现在最重要的是把事故的原因弄清楚。如果这个目的达不到，牺牲就不值得。

此刻，这位不为世人知晓的隐姓埋名的核科学家、中国核武器理论设计的总负责人，向着那最危险的目标进发了。

面对死神，他感到的不是心悸和恐惧，而是超脱于生死之外的冷静与

▷ 1979年邓稼先
（左）、赵敬璞（右）在
戈壁滩上（新疆试验基
地）

平和，是勇士的豪情，是挑战死亡的神圣。

他身穿白色防护服，戴着一副墨镜，一步一步地向着
目标走去，他看到了那颗氢弹破裂后的碎片，真是喜出望
外。因为，他最担心的后果没有出现。这时，污染测试员
也赶到了。仪器上显示的数字，使测试员吓了一跳。原来，
邓稼先站立的地方正是污染最重的源点，超过污染限度的
几十倍。人们劝他离开，他心里也很明白，多在这里站立
一分钟，就意味着生命已经落入死神的魔爪。但是，事情
还没有搞清楚，他怎么能离开呢……

等他拖着疲惫的身躯走回吉普车时，脸上显露着笑容，
他对赵副部长说道：

"赵部长，平安无事，平安无事啊！来，我们在这里

留个合影吧！"

就在这一次，他遭受到了极为严重的钚 239 的辐射伤害，放射线摧垮了他的健康防线，使体内的癌细胞空前活跃起来，它们疯狂地吞噬着这个钢铁般汉子的生命。

几天之后，邓稼先回到北京。他的妻子许鹿希听说了上面的情况后，劝他到医院作检查。因为邓稼先的单位不在北京，北京又没有他的户口，在当时的情况下，要作这种检查有许多麻烦。无奈，许鹿希在家中给他抽了血，留了便样，带到医学院，请她的同事帮助化验。

"老邓的转氨酶很高。"

"老邓的尿里带有放射物质！"

许鹿希看到同事送来的化验报告，许多悬念在心头：是肝炎？还是白细胞被破坏？她一下想到了那可怕的癌症。

许鹿希带着这些忧虑，又把邓稼先的白血球送给一位教授看。化验的结果更令人吃惊：白血球的染色体都成为粉末状，大多不成型了。

接着，这位教授又为邓稼先检查了肝脏，肝脏也破损了，并发现放射物已侵入骨髓。

回到家里，邓稼先对妻子说：

"就是不检查，我心里也清楚。不过——"他向妻子恳求道，"你在外边千万别说。"

"不说可以，你要脱离那份工作一段时间，到疗养院休息治疗，这是你当前最需要的。"妻子的语气十分肯定。

"希希，我不是早就说过吗？搞我们这一行的，总是要有点牺牲的。我是院长，应当走在前面。现在事情还没有搞实，我怎么能疗养呢？我今后多注意就是了。"

"你不去疗养院也可以，能不能在家多休息几天？"

"不行，我得赶紧回去。因为……"

"又有什么新突破，对吧？"

邓稼先默不做声了。

是的，这类话他对妻子说得太多了。事实上也的确如此。为了一个又一个新的重大课题，常人应该得到的，他失去了；常人应该享受的，他舍弃了。二十多年如一日，他的时间表排得满满的，他的神经绷得紧紧的。

在核武器试验基地，邓稼先有个绰号叫"消防队长"。在研制、设计、实验的每一个环节，只要有异常情况，无论事小事大，他总是飞快地赶赴现场。他风趣地对"辣椒"们说：

"干我们这一行的，每天与核武器打交道，就如同玩弄神话中的潘多拉魔盒，万一不慎，就会飞出恶魔和灾难。"

邓稼先和他的"辣椒"们总是用严谨和求实的态度驾驭着"两弹"不断地实现预定目标。

1976 年 1 月，邓稼先奔赴马兰进行一次新的核试验。

列车穿行在黄土高原上。突然间，列车的播音器里响起了哀乐。当邓稼先听到播音员用"沉痛地宣告"几个字的时候，车厢的乘客顿时静了下来，邓稼先像是预感到了什么，他的一颗心突然紧缩起来。

讣告念得很慢："中国共产党中央委员会委员、中央政治局委员、中央政治局常委、中华人民共和国国务院总理……周恩来……"

当听到那个最不愿意听到的"周恩来"的名字时，巨大的悲痛袭击着他，他不禁痛哭失声。

整个车厢沉浸在悲痛之中，邓稼先则沉浸在痛苦的回忆之中——

邓稼先回忆十多年来在同周总理的多次接触中，周总理处事谨慎的风范以及认真细致、一丝不苟的工作作风都对邓稼先产生了巨大影响。

此刻，邓稼先脑海中闪过了从 1964 年第一颗原子弹爆炸，到周总理病逝之前，我国成功地进行了 21 次核试验的情景——

1964 年，我国第一颗原子弹爆炸成功；

1965 年，我国第一次用轰炸机空投原子弹试验成功；

1966 年，我国的核弹头与导弹对接发射试验成功；

1967 年，我国第一颗氢弹爆炸成功；

1969 年，我国第一次地下核试验成功；

1973 年，我国第二次地下核试验成功；

此后，我国的核武器小型化试验获得了一次又一次的成功……

这一次又一次的核试验，每一次都凝聚着周总理的心血。敬爱的周总理为我国的核事业注入了多少智慧，多少勇气，多少信心啊！

我国发展核武器，是在超级大国对我们实行经济封锁、技术封锁、原材料禁运的国际环境下，完全依靠自己的力量，取得了一次又一次的成功。这一次又一次的成功，使得中国人民扬眉吐气，使得周总理笑容满面。

此时此刻，邓稼先默默地告慰周总理的英灵：安息吧，敬爱的周总理，我们将按照您的嘱托，把未竟的事业继续下去！

⟶ 最后的一张合影

★★★★★

在大漠戈壁邓稼先抱病取得了研制新一代核武器的
数据。此刻，他忘记了自己的病痛；此刻，在他眷恋的核
基地留下了他最后一张合影。

邓稼先夜以继日地研制新一代的核武器，因为新
一代的核武器是一种有效的战略防御武器，用周总理
的话来说，它是"扼杀武器的武器"。它对于保卫国防
具有重要的价值。

1984 年的隆冬季节。

罗布泊冰天雪地。这里将进行一次新的核试验。

来自北冰洋上空的一个冷湿气团，穿过西伯利亚
的莽莽原始森林，横扫中国西部的千里大漠荒原。朔
风怒吼，雪花卷着黄沙漫天飞舞。寒流似乎有意窒息
罗布泊的一切生灵。

就在这严冬季节里，中国核武器设计院院长邓稼
先率领他的"辣椒"们，进驻罗布泊试验场，进行我
国新一代核武器的地下试验。

午夜 2 点，邓稼先还在指挥部值班。他坐在昏暗

的灯光下，一遍又一遍地审阅着试验设计报告。此刻，他的心情是不平静的。因为他在等待着在地下竖井里安放核装置的进展情况。倘若一切顺利，次日就可起爆了。

冷啊！冻得他脸色苍白，浑身打着寒战。他感到心脏冻得都快停止跳动了。原来，这几天，他天天都在拉肚子，大便里带血。别人以为他水土不服，他自己则毫不在意地说："痔疮，低血糖，常见病，多发病。"

此刻，他显得很疲倦。他吃了几块糖，喝了一杯盐水，又开始紧张地工作。

邓稼先重新打开新一代核武器试验方案。望着这个方案，这位核科学家的眼前出现了这样的场景——

千万辆坦克蝗虫般黑压压地席卷而来。只见空中火光一闪，坦克群像是中了魔法，突然停止了转动。坦克完好无损，车内的驾驶员和作战人员全部死亡了。

这就是第三代核武器"中子弹"的威力。

中子弹的中子能穿透 30 厘米厚的钢板。同时，它把冲击波、热辐射和放射性物质的杀伤效应减少到最低程度。

第三代核武器家族中，除中子弹外，还有专门破坏通讯系统、电力系统的电子脉冲弹，还有专门攻击地下设施的穿甲弹等等。

朔风在吼叫，雪花和黄沙拍打着门窗，依然施展着淫威。邓稼先面对这一纸试验报告，认真地思考着、判断着、对比着，最后，他重重地签上了"邓稼先"三个字。

"我不爱武器，我爱和平；但为了和平，我们需要扼杀武器的武器。"

邓稼先于半年前在一次学术讨论会上重复了泰勒的名言，赢得了同行们的热烈掌声。

在那次会上，他还吐露了这样的心声：

"如果说，原子弹、氢弹是大规模摧残性的进攻武器的话，那么，新一代的核武器则是一种有效的战略防御武器，周总理生前曾经称它是'扼杀武器的武器'。它对于保卫国防具有更重要的价值。"

"这个'扼杀武器的武器',我们一定要搞成它。外国人可以做到的,我们一定可以做到。"

他的话不仅表达了我国科学家的决心,也表达了我国人民爱好和平的心愿。因此,再次博得了同行们热烈的掌声。

然而,要搞这个"扼杀武器的武器",最重要的是取得数据。数据来自试验。

一口深 600 多米,直径 2 米的地下竖井,已经由工程兵在冰天雪地里挖掘出来了。人们正在紧张地安装核装置。

今夜,是关键的一夜。尽管邓稼先极度疲劳,并且已经发生两次虚脱,但他仍然坚持在指挥部昏暗的灯光下,等待着井下的消息。

邓稼先又一次出现虚脱。

"老邓,你太疲倦了。无论如何你得回去休息!""红椒"不忍心看那惨白的脸色。

"不,我不能走,这里是战场,不能当逃兵!"

邓稼先非常严肃地拒绝了"红椒"的恳求。

是啊,对于核科学家来说,试验现场就是战场,在这里是要拼命的。对于人生来说,处处都是战场,命运的战场,事业的战场,成功和失败相伴而行。

在这之前,邓稼先亲自在现场主持了 15 次核实验,绝大多数获得圆满成功。有人戏称邓稼先为"福将"。"福将"者,有福之将也!言外之意,是有老天爷保佑。可是,15次那样复杂、那样惊心动魄的核武器试验,没有科学的态度,没有一丝不苟的责任心,没有吃大苦、耐大劳的精神,没有上下左右的团结协作，靠老天爷能靠得住吗？

时间一分一秒地移动着，邓稼先苦苦地支撑着。他再次从抽屉里取出盐和糖放进茶杯里，大口大口地喝下去。他心里明白，自己作为这次试验的主要负责人，无论如何不能因为腹泻脱水而倒下。

邓稼先的保健医生李大夫，看到邓稼先的病情，心里浮起一团疑云：他的腹泻不像一般的拉肚子，为什么用任何抗菌素也止不住呢？再说，他长期便秘，为什么一下子又腹泻不止，而且大便时而渗血呢？

电话铃急促地响了，意外的事故发生了：地下核装置测试仪上的信号，在出现一串蓝色的火花之后便消失了。

核装置失控！

内部参考消息：美国前不久进行地下核试验，一颗两万吨级的核弹头爆炸。结果，地面塌陷，十几名参试人员伤亡。不仅如此，昂贵的核装置和深井顷刻间化为一缕青烟……

邓稼先放下电话，急忙推开指挥所的大门，强劲的西北风夹裹着雪沙扑打在他的脸上，一时呛得他喘不过气来。他的身子摇晃了一下，人们急忙扶住他，只见他急匆匆登上一辆面包车出发了。

戈壁滩上的公路，由于干旱和大风的剥蚀，路面已形成搓板状，面包车在搓板上剧烈地颠簸着前进。车里的人被颠起又落下来；或者像摇煤球那样，左右摇摆。直颠得人们五脏六腑全挪了位，健康的人都难以忍受。邓稼先觉得一阵阵头晕、恶心，小腹隐隐作痛，面色变得惨白、蜡黄……

经过一道道警戒线，终于来到了试验竖井。邓稼先走下车，被冷风一呛，"哇"地一声吐了。吐的都是黄色的胆汁。

他吃力地向着风雪中的井口走去。由于风太大，他将腰猫得低低的，简直是在匍匐前进。走了一段路他实在走不动了，随行的两个同事急忙架着他的双臂，三个人艰难地向前走去。

看到老邓气喘吁吁、艰难挪动的样子，搀扶他的两位同事眼睛湿润了。

他们知道，老邓是在拼命啊！现在劝他回去是不可能的，只好用力架着他在厚厚的雪地上移动。

于是，两代核科学工作者的六个脚印——六个人生旅程的惊叹号，一行又一行地叠印在大漠雪原的"稿笺"上。

在井口旁，听了井下人员的汇报后，邓稼先问在场的同事："怎么办？"

有人主张把核装置从井下提上来，再拉回工厂查清原因；

有人认为，这样坏的天气，从井下提升核装置太危险。因此，主张就地排除故障。

两种意见，各有利弊，争论不休，一时谁也无法说服对方。这时，天快亮了。黎明前的气温最低，降到零下三十摄氏度，需要赶快把方案定下来。邓稼先认真地比较了大家的意见，决定在现场排除故障。

紧张的排除故障工作，在井口和井下开始了……

又是两个不眠之夜。无数次的测试、计算，无数遍的检查、寻找。

看，荧光屏上的蓝色光波重新闪亮了！

邓稼先和他的"辣椒"们，疲惫的脸上露出了笑容，井下的核装置度过了危险期。

暴风雪在核英雄面前，收敛了它们的淫威，太阳怯生生地从厚厚的云层中露出了笑脸。

测试仪器一切都恢复了正常，参试人员各就各位。

"起爆！"

一只大手有力地按下了那颗红色按钮。

地火在奔突，地火在运行！被 600 米厚的岩层禁锢的核装置，发出了强大的反抗信号，高温高压的火球，瞬间使岩层化为气体和岩浆。压力波在岩层中穿越，变成了震波，辐射到很远很远的地方……

人们没有看到那个火球，也看不见蘑菇云，但这一切都被仪器"看"到了，"听"见了。它们很快将变成研制新一代核武器的数据……

大地发出沉闷的隆隆声。邓稼先只觉得脚下在颤抖，在倾斜，在旋转，自己的身躯直向 600 米深的竖井坠落下去——他当场晕倒了。

"老邓！老邓！"人们焦急地呼唤着。

近几年来，邓稼先曾多次在试验场昏倒过去。他实在太累了。二十几年如一日，他奔波于缺氧的高原，无水的大漠，少日的峡谷。时常是下了飞机上火车，下了火车上汽车，甚至上马车或步行。有时任务紧急，顾不上吃饭，便从食堂带上两个馒头匆匆上路。从研制基地到工厂，又从工厂到试验场。有时，一个月之内，往返好多次，行程数千里。

昏迷——呼唤——抢救……

他终于苏醒了。启开眼帘，视觉中依然是一个倾斜而旋转的世界。他关切地问道："测试结果出来了吗？那个'尖尖'找到了没有？"

小胡眼里含着热泪，用手高高举起那幅试验照相底片，说道："老邓，你看，那个'尖尖'找到了，那个'尖尖'跳得好高好高啊！"

邓稼先接过底片，一眼便看到那个清晰的"尖尖"。他兴奋得猛地坐起，两行泪珠顺着脸颊淌了下来。

那清晰的"尖尖"，正是他们标定的图像，正是他们梦寐以求的效应。这高高跳起的尖形曲线，也许是邓稼先从事核科学研究事业的最高峰啊！

他抓起话筒，立即向核工业部领导报告了这一惊人的科研成果：

"中子主体点火正常！"

"燃烧正常！"

"总剂量超过上限，理论和实践取得全面成功，是核武器科研的一次重大突破！"

福兮祸所伏。此刻邓稼先体内的癌细胞，像被激发的原子那样，正酝酿着一场可怕的"裂变"。

生和死,在邓稼先的生命之中,悄悄地进行着无情的搏斗。

邓稼先像一只涅槃的凤凰，在炽热的核火中，超越着生命的极限。

在次日举行的庆功酒宴上，他即兴赋诗一首：

红云冲天照九霄，

千钧核力地动摇。

二十年来勇攀后，

两代轻舟已过桥。

就在喝庆功酒的那天晚上，邓稼先莫名其妙地提出来，要看一看曾托着第一颗原子弹爆炸的那座倒塌的铁塔。

他乘车来到了当年的试验区。他要司机和随行的医生留在车上，但是，李医生坚持要与他一同去。

是夜，皓月当空，给严冬的戈壁平添了几分清冷。在朔风中，邓稼先一连打了几个寒战，步履也显得沉重。没有人能比他更清楚自己日趋衰弱的身体，也没有人能比核科学家更清楚微观世界中那些用肉眼无法看到的凶煞恶魔了。但是,所有这一切他都隐瞒了。他把自己的病说成是"常见病"、"多发病"，并装得若无其事。

此刻，他忘记了自己的病痛。

此刻，在他眷恋的核基地留下了他最后一张合影。

→ 告别大山，告别"老家"

★★★★★

邓稼先告别大山之前，登上了大山的顶峰。他说，登山，如同人生，要达到生命的高处，就必须一步一步、脚踏实地地走过每一个台阶。

这里，是一座座酷似蘑菇云的群山；这里，是中国核武器研究院向纵深拓展的第三个研制基地；这里，是被邓稼先称之为"老家"的地方。

邓稼先珍爱这个"老家"，这个"老家"就是从青海迁过来的九院院部。"老家"的风光是世上独一无二的。在厚厚的蘑菇顶的覆盖之下，有着四季连绵不绝的雾霭。清晨，帷幕般的浓雾随太阳升腾起来，于是，"老家"便悄悄隐匿了。神秘的雾霭一直绵延到夜晚。当明月升起的时候，这里的一切便同白昼一般，清澈、明净。

这个"老家"，有着坚固而朴素的建筑。建筑物壳上刷上了黑色涂料，所以，有人戏称：九院像是从月球上掉下来的黑色怪物。

邓稼先居住的小院，就像是他的为人那样朴实无华。左面是一间办公室,室内有两张破旧的沙发,一张油漆斑驳的旧写字台;右面则是他的居室,一张大铁床,床上的席梦思床垫已经凹陷不平,一个盛衣物的旧木橱;一台"昆仑"牌的14英寸黑白电视机,是室内最奢侈的器物。小院前边有供人休息的石桌、石凳——这就是他和"辣椒"们开拓新一代核武器的"聚仙堂"。

他从大漠回到"老家"以后,稍事休息,又莫名其妙地提出要去登山。以前他太忙了,太累了,几年来,从未曾登山。从罗布泊回来,他的身体每况愈下,很不适合登山,但他坚持要爬一爬山,人们只好依他。

刚爬上半山腰,邓稼先已经气喘吁吁、体力不支了。他坐在一块平整的石板上,大口大口地喘着粗气,对副院长高潮说:"老高,坐过来,给我摸摸脉。"

高潮坐近他,将两个手指摸在他的手腕脉窝处,眼睛盯着手表,约摸半分钟,说道:"一百多次。你不能再往上爬了,就地休息,然后返回。"

邓稼先看了看云雾笼罩着的山顶,一脸的无奈。

这里的风景很不错。正值中午时分,四周古木参天,悄无人声,寂静清爽。只有那高一阵低一阵的风声,弹奏着松涛林韵,摇曳着片片红叶,翩翩飞舞。邓稼先情不自禁地说道:

"山的壮美只有通过风的雕琢,才更见其完美;同样,人也需要风霜雨雪的砥砺,才能日趋成熟。"

大山给了他热烈的情思,他的话语滔滔不绝,这是人们日常很少见到的。他接着说道:

"登山,是非常有趣的事情。当你顺着台阶一级一级向顶峰攀登时,如果从远处看去,那一级一级的台阶,像是由许许多多个'日'字组成的。登山,如同人生,要达到生命的高处,就必须一步一步、脚踏实地地走过每一个'日'字,而不能将它们虚度。"

说完,他还是要坚持爬上去。尽管人们都执意劝阻,尽管他对自己身体的情况明明白白，他还是毅然站起来，向着山顶爬去。对于他体内的凶神恶煞，对于面前的山路，他只是付之一笑。

这一天，他怀着即将"告别大山"的心情，终于登上了大山的峰巅。他又胜利了。

这年夏天，他接到了国防科工委的一个通知，要他去北京参加一个高科技学术讨论会。

告别大山的日子终于来了。

行前，他为朝夕相处 28 载的"辣椒"们买来了两条"中华"牌香烟。说道：

"我不能陪大家了，请各自保重！"

"辣椒"们围了上来，依依不舍地说道："你路上多保重！""香烟还是你带着，留在路上吸吧！"

"这烟是留给你们吸着玩儿的。大山里没有什么好玩儿的，吸支烟解解闷儿。"

他说话的声音很低，语气也显得很温和，很平淡。"辣椒"们敏感地觉察出老邓情感上的变化，并由此意识到了什么。于是，"辣椒"们的眼圈儿都红了。他们一个一个地背过脸去，偷偷地擦去难过的泪水。

7 月 28 日，邓稼先告别了大山，出现在妻子面前。他见到妻子的第一句话便是：

"希希，是好消息，那项高科技项目被我们突破了。"

"你的肝怎么样？"妻子关切地问。

"肝还好。就是大便困难，肛门痛得坐不下来。"

"检查过没有？"

"还没有。"

"那你赶快去检查，这一次要听话。"

这次，邓稼先真的听话了——8 月 6 日，他利用开会的空隙去 301 医院看病。当他空着手和警卫员说说笑笑走进医院大门，他原想向医生要些润肠通便的药，看看就回招待处继续参加会议。想不到，医生却是那样认真，经过仔细检查以后，非常惊诧地说道：

"你怎么现在才来呀？住院，要立即住院！"医生没有二话，立即开好了住院证。

"不行啊，我不能住院，有个重要会议还等着我去参加。"邓稼先恳求医生说。

"这里不是会议室，这里是救死扶伤的医院。"

医生没有依他，而是很坚决地把他留下来住院。

癌症！

邓稼先心存已久的疑惑，一下子变得清楚了。于是，

△ 1986年6月，杨振宁到医院看望病中的邓稼先

他不再拒绝医生的要求，很冷静地接过住院证，警卫员为他办理了住院手续。

1985 年 8 月 10 日，301 医院为邓稼先做第一次手术。

天刚破晓，张爱萍将军就来到手术室外坐下来。核工业部的领导来了，许鹿希也来了。人们相对无语，许鹿希眼含泪水，轻轻地唏嘘着。他们在焦急地等候。

几个小时过去了，手术室的门打开了。深度麻醉的邓稼先躺在手推车上，被推进了病房。

人们围住了医生。张爱萍将军焦急地问道：

"活体检查怎样？癌是否扩散了？"

"活体检查的结果，一个星期之后才能知道。"医生回答说。

"不行，那太久了。我就坐在这里等着，你们要尽快拿出结果来。"将军激动地说。

经过活体组织化验，一个无情的判决降临了——邓稼先被确诊为直肠癌，而且，癌细胞已经扩散、转移了……

当邓稼先醒来后，张爱萍将军对他说：

"稼先，你有什么要求，尽管提出来。"

"没有。组织上不要再为我麻烦了，不要再给国家增添不必要的浪费了。"

他说话的声音那样平淡，那样自然。话是从他心底自然流淌出来的，使得在场的人都流下眼泪。

就这样，邓稼先被缠在病床上，开始了药物治疗、放射治疗的生活。这时，他才对妻子说：

"我知道这一天会到来，没有想到它来得这样快。"他拉住妻子的手，眼神里流露出一丝惋惜。"我并不惧怕死亡。父亲生前说过，'死是一个哲学问题，也是一个让人的心灵得以净化的美学问题。'庄子就将生死当做无差别境界。他泯灭了生死之别，突破了时空局限，'逍遥'之游，超越死亡，达到精神的绝对自由。庄子视死如生，对死达观超脱。所以，他能做到以快乐之心去赴死。只是，我觉得对国家贡献还显少，还应该多做一些事。"

这时，许鹿希流泪了。他抚摩着妻子的头，劝慰道：

"希希，不要难过。生命来自大地，最后又回到大地，这是很自然的事。清人龚自珍曾在诗中写道：'落红不是无情物，化作春泥更护花。'古人还有这种情怀，我们不应逊于古人。"

在死神面前，他显得那样超脱，那样潇洒……

手术后的邓稼先躺在病床上。人们面对躺在病榻上的这个老邓，似乎越来越不那么理解了——

人与人之间需要理解。在人群中，自己被别人理解，难；自己去理解别人，也难；特别是对邓稼先这样的无名英雄的理解，则更难。

著名报告文学作家郑重先生采访邓稼先以后，写下了下面一段诗一般的语言：

历史的舞台在旋转着。设在历史舞台上有着各种各样的祭坛，在每座祭坛上都有着各式各样的风云人物——

有帝王将相，有达官贵人；

有政治骗子，有貌似辉煌的阴险小人；

也有红极一时的社会名流、名人、明星……

在人造光源的照耀下，名流、名家都闪闪发光。

他们哪里知道，照在他们身上的光亮是从无名英雄身上借来的。

借光毕竟不是永恒的，有时只在瞬间那些所谓名家便从祭坛上消失了。

　　然而，只有那些无名英雄才是发光的群体，是永恒的光源。

　　邓稼先就是这样的光源，因为他给我们留下的是怎样做人的光，留下的是怎样将自身贡献于人类的光。

　　读完上面这段文字，笔者以为作家郑重先生当说是真正理解了原子世界的无名英雄邓稼先。

终生无悔的壮丽事业

→ 未听完的《命运交响曲》

★★★★★

　　邓稼先酷爱音乐。在九院，在川东北那深山大川里，从那座被绿树翠竹掩映的平房里，时常传出贝多芬那勇于向厄运挑战的激昂乐曲。

　　诚然，世人谈"癌"无不色变，而邓稼先却以平和的心境，泰然处之。他以坦荡的胸怀，以一身傲骨，支起人生摧不垮的精神长城。

　　身患癌症，对于一个人来说意味着什么？意味着失去创造的双翼，意味着失去了生存的乐趣。然而，对于核科学家邓稼先来说，为祖国而创造的双翼任谁也无法折断，就是在病痛的折磨下，他依然在振翅翱翔。

　　尽管浓烈的福尔马林气息、医生和护士的白大褂、头上的输液瓶一直环绕着他、包围着他，但他仍有一种恍若在岗位的感觉——浩瀚戈壁滩的大漠、白雪覆盖的草原、云雾迷漫的蘑菇山，时而浮现在他眼前，从而使他产生诗意般的幻觉和旺盛的生命欲望。他想趁住院期间，完成那部专著。这部专著在他住院之前，已开始动笔，写完了好几万字。这是一部原子核理论的工具书，他为自己的专著命名为"群论"。

病情稍有缓解，他便将几个老伙计约到医院来。于是，他的病房变成了会议室。

手术后的第四天，他就用颤抖的手写信，要九院的同事从川东"老家"给他送材料送书籍来，还托亲友帮他借来了一大堆英文、法文、德文、俄文杂志。

邓稼先的病情一天天向坏的方向发展。他每天都有一种紧迫感，好像有许多事情需要他去做。他说，他有两件事，一定要在走之前做完：一件事是那本没有脱稿的专著，他要写完；第二件事是他要向党中央写一份关于发展尖端武器的建议书。

谁能理解邓稼先肉体被癌细胞吞噬时的剧痛？谁能听到他心灵深处的呐喊？对于一个无限热爱自己事业的核科学家来说，他的年纪当说尚在鼎盛时期，但却患了绝症，过早地挨近了死神。

每当夜深人静、病痛难忍的时候，他便设法转移自己的注意力，与警卫员小邓天南地北地神聊。他说："一个人的生命，就自身而言，即使再健康，最终的结局都将是一缕青烟。但是，生命的价值却不相同。有的轻如鸿毛，有的重如泰山。我们应该在生前为自己的国家、自己的民族多做一些实实在在的事情，留下实实在在的脚步。这样，才不枉此一生。小邓,你说对吗？"

小邓郑重地点点头。

邓稼先是一位核物理学家，但他不是书呆子，他感情丰富，兴趣广泛。九院的科学家都知道，邓稼先最爱京剧，他不仅爱看，也爱唱。他常常在科研攻关若有所悟的喜庆时刻，哼上几句唱段，而且还用口哼出锣鼓点儿来伴奏。这时，一边旁听的警卫员免不了抿嘴悄悄地乐。心想，一个大科学家还像小孩子那样整天乐呵呵的。

邓稼先也酷爱音乐。在九院，在川东北那深山大川里，从那座被绿树翠竹掩映的平房里，时常传出贝多芬那勇于向厄运挑战的激昂乐曲。

终生无悔的
壮丽事业

当邓稼先逝世之后，整理他的遗物时，九院办公室的青年诗人刘树模，发现邓稼先居室的电唱机上放着《命运交响曲》的密纹唱片，针头还定在最后一章的密纹中间。于是这位青年诗人眼含热泪，写出了一篇长诗："未听完的《命运交响曲》"，诗中这样写道：

唱片仍架在唱机上，
只要用手合上电闸，
那暗红色的唱片便会旋转起来，
那激昂的旋律便会溢出。
这是贝多芬的《命运交响曲》，
是你临行前听过的，
只可惜你没能听完。
……
此刻，我突然被一股巨大的热流催动。
我走向那台沉默的唱机，
庄严地合上了电闸。
顿时，浑厚的旋律充满了房间，
波涛般向外奔涌；
这旋律似乎变成了你的声音，
在对我们嘱托……

从此，九院的年轻人，每当在科研中遇到困难和挫折，便走向那台电唱机，合上电闸，聆听《命运交响曲》。从那高昂的旋律中，年轻人仿佛看到了邓院长走过的道路和轨迹，仿佛依旧在聆听邓院长的谆谆教诲。

"奋斗的人生是壮丽的!"

★★★★★

邓稼先说:"奋斗的人生是辉煌而壮丽的!奋斗的人生是最美好的人生!"

12月初,邓稼先暂时停止了久不见效的放疗和化疗。因为白血球数目太低,血象太差,医生同意他回家休养一段时间。

这是邓稼先在他那"三间套"居室度过的最后一段日子。这对邓稼先来说实在太宝贵了。他的大部分时间,凝神于那本《STAR WARS》(《星球大战》)。他的床头总是堆放着厚厚一叠英文复印件。

世界军备竞赛正在发生可怕的质的升级,人类的角逐场从地球表面扩展到了外层空间。有了海陆空,有了战略导弹部队,有了航母,难道还会出现一支战略航天部队,出现一支航天航母,去准备进行一场让仇恨布满宇宙的"航天大战"吗?

邓稼先眼前展示着一幅漫画——画面是那个被各种高能武器发射出来的光束紧紧捆绑着的小小地球……

终生无悔的
壮丽事业

他怀着焦灼的心情，凝视着这幅漫画。没有哪一个门类的自然科学家能像核科学家那样与政治发生如此紧密的联系。核子时代，是漫长的令人毛骨悚然的魔鬼时代，著名报告文学作家钱钢这样写道：

第二次世界大战结束后的近半个世纪内，世界战火四起，却始终没有燃起"核火"。核子制约着政治家，政治家在制约着核子。可是，同样的事实是：军备竞赛如赌马狂奔，"恐怖的和平"犹如烟气蒸腾的休眠火山，两个超级大国已经拥有三万五千多个核弹头，这就是说，全世界每个人都坐在三吨立时可爆的炸药上……

当我国第一颗原子弹爆炸时，我国政府随即向全世界宣告："核武器是人制造的，人一定能够消灭核武器。"然而，这一天远远没有到来，垄断者和反垄断者都紧紧握着那柄锋刃既朝里又朝外的双刃宝剑。"对付威慑的法宝，就是威慑本身。"

第二次世界大战以后，这个偌大的地球村，其军备竞赛犹如赌马狂奔，"恐怖的和平"，犹如烟气蒸腾的休眠的火山，世界四处在冒烟，却终究没有燃起全球大火。然而，冷战的呐喊声却始终不绝于耳。英国前国防大臣皮姆说得很干脆：

"即使英国只有一艘'北极星'战略核导弹潜艇可供使用，也足以给苏联造成不能接受的破坏。"这就是当今世界的逻辑。

欧美列强对前苏联曾经恨得咬牙切齿。苏联解体后，社会主义的新中国何尝不是他们虎视眈眈的靶子。

此刻，邓稼先床头的收音机里响起了当年中国最流行的一首歌曲：

想起来是那样遥远，

仿佛已是从前，

那不曾破灭的梦幻，

依然蕴藏在心间。

是谁在默默地呼唤，

激起心中的波澜。

也许还未感觉，

我们已经走过昨天，

啊，一年又一年，

啊，我们走向明天。

这是我国艺术家献给国际和平年的一首歌，也是邓稼先非常喜欢听的一首歌。

和平，几乎是众口同声的呼唤。为了和平，政治家运筹帷幄，歌唱家用歌声表达心愿；他们这些核物理学家则长年累月隐匿在深山，苦战在大漠荒原。他们紧紧跟踪时代的脉搏，攻克一个又一个高科技难关。

病魔缠身的邓稼先依旧期待着明天，依旧为和平呐喊："我们不能被他们抛得太远。中国在十年之后要想占一席更重要的位置，现在就必须盯住人家，紧紧跟踪。"

时间对于他来说，比别人更加紧迫。他必须抢在死神前面做好这件事，一定要把发展我国新一代核武器的设想写成报告送给中央。

就在他那"三间套"的房间中，他邀来好友、天才物理学家于敏，二人一连几晚长谈。他对于敏说道：

"在发展核武器这个尖端科学中，世界各大国都在全力以赴地迅跑，我们必须眼睛盯着，心里想着，手上干着。用我们手中的核武器制止核战争，这是周总理的遗愿啊！"

他身体力行，在屈指可数的日子里，集中全力干这件事。

深夜，他的生命也像灯光那样亮着，一行一行地笔耕，一格一格地点播，播种着心血，播种着和平，播种着黎明，播种着希望。

白天，他拖着病弱的身躯，四处查找有关的资料和依据。有一天，他气喘吁吁地爬上一家科研所的四层楼，请一位同志给查一个资料。那位同志打开房门，见他面色苍白地坐在楼梯上，十分不安地说道：

　　"邓院长，你病成这个样子，要什么资料，打个电话就行了，还要亲自跑?!"说着，走过去扶他。

　　"我再也爬不动了，谢谢你帮我一把!"他上气不接下气地站起来，晃着身子走进那间办公室。

　　1986年的初冬季节，他约一位来北京参加会议的九院的同志到家里来谈工作。这位同志乘坐公共汽车，到站后从后门下来，发现邓稼先从汽车的前门下来了。他说是刚从北京图书馆查完资料，忙着赶了回来，想不到坐的是一趟车。

　　一个晚期癌症患者，身为九院院长，又是62岁的年纪，而且是中国核武器的奠基人，从哪一方面讲，他出入都可以有一部小轿车坐。可他居然从拥挤的公共汽车上下来了，而且不仅仅是这一次。人们或是惊叹，或是表示不理解。他却笑了笑说：

　　"没什么，这是个习惯。"

　　是的，他这样做，不是给人看。习惯使然，习惯也难改。

　　在现代文明社会里，物欲横流，"文明病"盛行。然而，对于邓稼先来说，他固有的一颗美好的心灵，犹如一片净土，没有社会的纷扰，没有环境的污染。他的举止，一切都是那样自然、单纯。岁月的犁铧，竟然没有在他的心里留下一丝创痕。

　　1986年5月，第二次手术以后，他的身体已经极度虚

弱。他依然硬撑着身子，几次和于敏长谈到深夜。话题是
"世界局势和我们的对策"。他们终于完成了给党中央的那
份建议书。在建议书中，他们提出了发展尖端武器中的若
干紧迫问题。

　　他心中很清楚，这是他最后一次向党中央陈述自己的
意见了。这份建议书是他坐在气垫圈上写成的。因为严重
的伤痛，他的臀部不能坐椅子，只好用气垫圈把臀部架起
来。

　　邓稼先把这份建议书交给了许鹿希，请求妻子帮助送
到核工业部领导手中。他叮嘱道：

　　"希希，这份材料比生命更重要，下午3点你务必送
到。"

　　许鹿希眼含泪水，接过那份用丈夫的生命写成的材料。
它无比沉重，无比珍贵。在公共汽车上，她警惕地将装着
这份材料的提包紧紧地捂在胸前。她身边仿佛又响起丈夫
对她说过的话：

　　"地球上应该有一个安宁的环境，人类的和平应该得
到保证。"

　　"我作为一个核科学家，我最想听到的不是原子弹、
氢弹的爆炸声，而是世界各大国对世界和平的承诺。我有
许多祈盼，但是，我最大的祈盼是希望人类生活的这个地
球永远安宁，永远和平！在这个世界里，有什么，也别有战乱；
没什么，也别没有稳定。"

　　丈夫的伟大品格，深深地感染着许鹿希。她越发感到
自己使命的重要。因为她抱着的不是普通的文稿，而是稼
先那颗滚烫的心啊！

　　"希望人类永远和平！"这是生命的呐喊！这份建议书，是与死神抗争的辉煌！

　　邓稼先深知，病魔不会让他活到那个建议得以答复的时刻。尽管他的生死观是唯物主义的，但为了这份建议，他还是感叹自己生命的短促。因为他才62岁呀，他还可以为自己所眷恋的祖国多做些事情啊！

　　5月，对北京人来说，可谓是另一个黄金季节。经过了漫长的冬季，在5月这个充满阳光的日子里，邓稼先渴望从室内走出来，到郊外、到大自然里呼吸一下春天的气息。

　　5月末的一天，许鹿希和病中的邓稼先一起，来到颐和园，漫步在波光潋滟的昆明湖畔。5月的颐和园，天空呈淡淡的蓝色，暖暖的阳光如同母亲的双手抚摩着美好的湖光山色。

5月的颐和园，笼罩在一片淡绿之中，可以闻到来自小草、树木的清香。一路上，邓稼先看到了一对对相依相偎的青年男女，听到了一位年轻母亲和她的小女儿正在谈论"米老鼠和唐老鸭"的故事……

这就是祖国的大好河山，一派欣欣向荣，一派和平美好的景象。这一切都使得邓稼先非常惬意。

那一天，许鹿希挽着邓稼先，穿长廊过短桥，曲曲弯弯来到了石舫。20世纪50年代初，风华正茂的邓稼先与青春年华的许鹿希正热恋着，曾多次走过这条幽静的小路。这里到处留下了他们二人青春的步履。两颗相依相爱的心灵编织了多少人生和事业的梦幻啊。而今他们都已届花甲之年，走过了大半世的风雨人生之路。

他们依着石舫汉白玉的凭栏，举目四望，昆明湖水，纯碧一色。清风徐徐吹来，水波粼粼。此刻，湖上无船，无鸟，无扰杂之声，无争竞之逐，悠悠然，舒舒然，好一派宁静的风光。邓稼先为这恬静的景色所陶醉，他似乎忘记了自己的病痛，他的心随着昆明湖水在歌唱，在跳跃。若在别人眼里，这一天的昆明湖实在是一个平常的所在，而在邓稼先的心目中却美妙无比。他感叹道：

"昆明湖水真好，湖边那片芳草地真好，那片杂树林子真好，让我觉得昆明湖比太湖更小巧晶莹；比西湖更朴实沉着；比鄱阳湖、洞庭湖更温柔委婉；比微山湖、洪泽湖更活泼俏丽……"

说到这里，他忽然又忆起了西方列强曾践踏过她的圣洁；八国联军曾经在她身边杀伐屠戮……不由得一丝惆怅又涌上心头。

游人渐稀，园林更加寂静。微风吹动古塔上的风铃，发出悦耳的"丁冬"声。他凝视着这绝美的湖光山影，重复地对夫人说：

"多么幽静恬淡的景色！真是难得享受这美好的时光。"

这是他对夫人表示的歉意，也是他告别人生的凄楚情怀。

许鹿希用温柔体贴的眼神安慰着他。他又摇了摇头说：

"我不后悔，如果我早生几十年，赶上清末，就是掌握多么高深的科技知识，也只能眼睁睁地看着慈禧太后把军费拿去建造花园；眼睁睁地看着甲午海战那样的悲剧发生。我能生活在这美好的时代，能为我们的国家尽自己一点微薄之力，死而无憾。"

最后，他凝视着艳红的夕阳，感慨地说道：

"奋斗的人生是辉煌而壮丽的！

"奋斗的人生是最美好的人生！"

这就是邓稼先的悲壮遗言，也是一名共产党员的自白。

《两弹元勋——邓稼先》

★★★★★

邓稼先这个名字，在当时对于全国人民来说是完全陌生的。对于邓稼先这样一位功勋卓著的科学家，此前人们却一无所知……

邓稼先在生命的最后一个月里，突然过上了一种使他很不习惯的生活——他成为了举世瞩目的新闻人

◁ 两弹元勋邓稼先

物，被新闻记者、摄像机、话筒包围着。

一年多以前，核工业部出版了一本记录我国第一颗原子弹诞生经历的书《秘密历程》。

在《秘密历程》一书中，邓稼先的形象非常神秘。邓稼先的名字在"×研究员"、"×工程师"等等许许多多若明若暗的代号中隐匿着。但是，现在他突然从幕后站了出来。数不清的采访话筒、摄像机、照相机围住了他……

1986年6月初，解放军某部报告文学作家李培才奉命从西安赶回北京接受一项紧急采访任务。经过采访，他才知道，在开拓我国原子弹、氢弹事业的队伍中，有一位举足轻重的核心人物——邓稼先。

李培才和《解放军报》记者李亚丹一起，于6月23日

写出了一篇报道,原来的标题是"名字鲜为人知,功绩举世瞩目"。文中写道:

邓稼先是我国核武器的研制者和开拓者之一。我国"两弹"研制成功的速度是惊人的。取得这样的速度,是与邓稼先等人的远见卓识与领导艺术分不开的。

邓稼先从事祖国核武器研究工作二十多年,许多重大理论问题和探索性研究工作都是他亲手把关最后拍板的。很多方案都是他亲笔写的,而他从没有署过自己的名字。

他时常对年轻人说:"你们来到这里,就要做好无名无利的思想准备,但你们的工作必须达到世界先进水平。"

人们说,邓稼先的工作特点是身先士卒:攻关时他废寝忘食,甚至睡在机房里;有放射性危险时,他冲在最前面。从核装置的理论设计、加工组装到试验,他无不亲临现场把关。我国进行的全部核试验,他有一半到现场。

为了祖国的国防科技事业,他隐姓埋名,呕心沥血,以为了国家利益而甘当无名英雄的高尚品德,影响和带出了一支过硬的科技队伍。这支队伍具有严谨的科学态度,民主的学术作风,不计名利,团结协作。国防科研战线上这个无名英雄群体的特征,正反映了它的带头人邓稼先的品质。他的名字和我们的国防大厦紧紧连在一起。

当年,《解放军报》副总编辑何家生看完清样以后,对作者李培才说:

"用'名字鲜为人知,功绩举世瞩目'这句话做主题,还不太鲜明,改一下行不行?"

"可以,你说怎样改?"

"标上'两弹元勋邓稼先',怎么样?原来你们标的那个主题做眉题。"

"这样的主题当然好,可是——"李培才犹豫了一下,补充说,"这样改我做不了主。晚饭前我曾和亚丹到伍政委家送审过这篇稿子,要改,是不是再请示一下?"

伍政委就是当年国防科工委政委伍绍祖。伍绍祖政委在电话中表示同意这个新标题。

于是，李培才拿了修改过的清样，当夜直奔中央人民广播电台。电台军事部的编辑早已在门口等候许久了。

6月24日清晨，当人们还未看到当天的报纸时，中央人民广播电台便在《新闻和报纸摘要》节目中作为头条新闻播出了《两弹元勋邓稼先》。

原国防科工委主任陈彬，当时正在301医院住院。他听完广播，兴奋地跑进邓稼先的病房，紧紧握住邓稼先的手说道：

"老邓啊，祝贺你！刚才电台广播了你的事迹。你是咱们当之无愧的元勋啊！"

在6月24日早晨6点30分中央电台的《新闻和报纸摘要》节目之前，邓稼先这个名字，对于全国人民来说是完全陌生的。对于这样一位功勋卓著的科学家，人们却一无所知。中央人民广播电台的广播，使邓稼先的名字一下子传遍了全国。但是，人们并不知道这位英雄，这位头号功臣正在病榻上经受着癌症的煎熬！

这天的《解放军报》在头版头条位置，以赫然醒目的标题《两弹元勋——邓稼先》刊登了这条消息。

了解一些情况的人，听到广播和看到报纸上刊登的消息之后，都有这样的心情，既欣慰而又辛酸："两弹元勋"这样的誉辞，更像是对生命垂危的邓稼先的人生做了总结。当他的功绩被记者写出圣灵的光环时，机敏的读者似乎听到了隐约的哀乐声。

因此，许多事情都挤在一起办。

在此之前，邓稼先被任命为国防科工委科技委副主任。按军队的官衔，他已是兵团级的干部了。组织上为他配备了一辆"尼桑"专车。有人执意要让这部新车的主人坐坐他的专车，于是，将他从病房扶下楼，搀他到车上略略坐了坐。对此，邓稼先并没有显出高兴，表情依然是那样淡然——他知道，这是他和自己拥有的专车第一次接触，也是最后一次接触了。

党中央、国务院、中央军委都非常关心邓稼先的病情和治疗。

1986 年 7 月 4 日，胡启立代表党中央前往医院看望和慰问。

随后，余秋里、宋任穷也来到他的病榻前探视。

7 月 15 日，国务院代总理万里来到医院看望。万里告诉邓稼先，国务院决定把"七五"期间第一枚全国劳动模范奖章授给他。

7 月 17 日，在医院病房里举行了授奖仪式。这时距离他辞别人世只有 12 天了。

➜ 无悔的人生

☆☆☆☆☆

邓稼先说："我选择了核武器，就意味着选择了牺牲和付出。可是，我对自己的选择终生无悔。"

邓稼先做过第二次大手术后，身体更加虚弱。因为第二次手术主要是清扫癌细胞侵犯的部位，以减少病痛并延缓病程发展速度。但是，当医生打开腹腔以后，见到癌细胞已经侵犯到了手术刀达不到的要害之处了。所以，手术后他的身体状况非常不好。

这天上午，邓稼先的心绪很好。他要陪床的外甥小捷给他找来了美国乡村音乐磁带《老狗，我的肯德基》放给他听。他躺在病床上，凝神静听，听着听着，渐渐地入神了。当音乐结束后，他似乎忘记了自己的病痛，兴致勃勃地和小捷谈起了他未来的设想：

"小捷，这次我出院后，不能再做原来的工作了。但是，我有许多事情要干，干这些事情也是很有意义的。我想搞原子能的和平利用，它可以直接造福于人类呀！

"还有，我也很喜欢自由电子激光，因为可以搞成连续可调控的激光器，非常有意思。

终生无悔的
壮丽事业

"另外，小捷你知道不，杨振宁在规范场方面的造诣非常之深，这是他一生在物理学领域的最高成就，它比'宇宙不守恒'对物理学的贡献，意义还要深远。杨振宁如果不是因为已经得了一次诺贝尔奖的话，凭着规范场的成就，他完全可以再得一次诺贝尔奖。"

　　邓稼先兴致勃勃地接着说下去：

　　"小捷，你知道吗？我对规范场也很感兴趣，结合我国的需要，我很想把规范场论的书写出来。我已经写过一点我自己思考的东西，给别人看过，他们还挺赞赏呢！说实话，我也非常喜欢电子计算机……"

　　他一口气说了那么多他非常喜欢的事业，他有那么多雄伟的计划，怎能看得出他是一个身患绝症且生命垂危的病人呢！

　　然而，生命留给他的时间却是如此吝啬。他的外甥小捷听了舅舅的一番话深受感动。原本，两代人的人生观和价值观是不相同的，小捷曾认为，舅舅那种忘我的奉献精神是不是"犯傻"呀！可是，当他读懂了舅舅的一生以后，他的看法彻底改变了，他曾不止一次地说："我的好舅舅就是了不起，他热爱国家、热爱事业是毫不含糊的。"

　　邓稼先临终以前，还以极其遗憾的心情谈到了他未能完成的一项工程——核废料的处理。核废料的危害问题始终是他的一块心病。他对来医院看他的一位省长非常认真地说：

　　"核废料一定要用一种特殊的方法处理后再深埋。这样即使发大水，也可保证老百姓不受核废料的污染。"

　　那位省长含着眼泪，非常诚恳地点点头。

　　怎样化废为宝？邓稼先在重病中曾想过许多方案，希望能够找到一种既可以把核废料的危害排除，又可以为国家创造价值的一举两得的设想。可是，直到他离去时，仍旧没有找到好的答案。这是他临终时带走的许多遗憾之一。

　　这天夜间，病魔加倍地来折磨他。深夜，剧烈的疼痛，如肝胆俱裂，断肠剜心！大便也从人造肛门里往外流。

他怕惊醒陪床照顾他的公务员小游，既不敢大声呻吟，又不好意思叫醒他，便决定自己下床去清洗大便。从翻身坐起到下床，每动一下，都要引起钻心的剧痛。他用双手紧抠床沿，先翻转身体，然后，侧身坐起，将一条腿伸下床，脚轻轻着地，再慢慢地用尽全身力气一点一点地支撑着站立起来。但是，他太虚弱了。两腿一软，"咕咚"一声，瘫倒在地板上。小游被惊醒了。

"小游，我把你吵醒了，真是对不起！"

"邓院长啊，我是受大家委托来服侍你的呀！你为什么不叫我？"小游一面搀扶起他，一面声泪俱下地呼喊着。

邓稼先重新躺下来，一面任小游帮他清理，一面断断续续地说道：

"其实，人的肉体上的许多伤痛，它本身并不像人们想象的那么严重。倘若不把它当做一回事，就没什么大不了的；如果觉得痛，那是因为首先害怕疼痛。"

他说这些话时，面部表情很坦然。但是，那满脸的汗水，那被汗水浸透了的病号服告诉你，他在忍受着多么强烈的剧痛啊！

一天，国防科工委的几位作家来医院探视他。他看到作家苏方学时，面带愧色地说道：

"老苏，真对不起。1982 年你去九院，我却赶回北京开会，让你白跑了一趟。这一晃几年过去了。"

苏方学惊讶地说道："老邓，你真是好记性啊⋯⋯"

那是 1982 年 5 月，苏方学到川东蘑菇山中邓稼先的"老家"去采访，提出要访问邓稼先。

苏方学在招待所刚放下背包，便听到敲门声。开门一看，只见是一位身材魁梧的学者。他一手拿了一把黄油布雨伞，一手拿着一条毛巾，笑吟吟地站在门口，问道：

　　"你就是老苏吧？我是邓稼先。"

　　苏方学很吃惊。因为要采访像邓稼先这样的大科学家、一院之长，一般都要住下来，等待安排时间。可是，他竟然这么快就来了。他连忙请老邓坐下。

　　邓稼先坐在床沿上，说道：

　　"老苏，听说你要找我谈谈。真对不起。我刚刚整理完文件，马上就要去车站，所以赶忙来向你告别。我真不好意思！那你就先访问三所吧，二所离这里远一些。不过，我经常去北京开会，我们有机会再见面的……"

　　时间过去了四年，想不到今天是在病房中见到作家苏方学。

　　邓稼先叫公务员扶他下床，到卫生间梳洗了一番，又换了一身干净的病号服，才出来与作家交谈。

　　他想坐下来，但臀部一触及气垫，便疼痛得满头大汗，脸都变了形。大家劝他躺下来说话，他却忍痛坚持坐在气垫圈上。礼貌待客，一如既往。无论对高级干部还是对伙房的炊事人员，他都是如此。

　　谈话没有进行多久，他就坚持不下去了。他的声音越来越微弱，只好用手势来代替。剧烈的疼痛，使他大汗淋漓。他想强迫自己忘掉病痛。然而，他实在做不到了。

　　当苏方学扶他躺在病榻时，悄声问他说：

　　"邓院长，还有什么话要我转告读者吗？我们国防科工委的同志们都很敬重你，想听听你的人生箴言。"

　　他稍加思索，说道：

　　"我选择了核武器，就意味着选择了牺牲和付出。可是，我对自己的选择终生无悔。"

他吃力地说完上面的话便昏迷了。当他清醒过来时，以更加微弱的声音说道：

"假如生命终结之后能够再生，那么，我仍选择我的祖国，选择核事业……"

一句话没有说完，他再次昏迷了。

在场的几位作家以及公务员小游，都忍不住呜呜地哭了。

是哭声惊醒了他。他勉强笑了笑，反而安慰大家说：

"别这样，我不会死的。我是要到很远很远的地方去执行一项任务。那里有人在等我，我必须去。我还会回来，还会回到你们中间来的……"

他气微力竭，又一次昏迷过去。

他热爱生命，又不得不告别生命。这是一个矛盾，是一个结。但他用自己的行动解决了这个矛盾，解开了这个结。

在生命的最后时刻，为了战胜病痛，他一面聆听舒伯特的乐章，一面默默地吟诵着肖贝尔的一段歌词：

> 你安慰了我生命中的痛苦，
> 使我心中充满了温暖和爱情，
> 把我带进美好的世界中……
> 每当人们把琴弦拨动，
> 发出了一阵甜蜜圣洁的和声，
> 使我幸福得好像进入天堂。
> 可爱的艺术，我衷心感谢你！
> ……

他总是怀着一种童贞和圣洁的感情欣赏音乐，所以，即使在巨大的病痛的折磨下，音乐的"魅力"往往使他心中充满着幸福感。他称赞音乐是生命的灵泉，人们则称赞他对世间一切美好的事物总是充满着挚爱和良知。

他在音乐声中陶醉，他也在音乐声中一次又一次地昏迷。

终生无悔的
壮丽事业

昏迷中的邓稼先，一次又一次地呼唤着他女儿的名字："典典——典典——"

住院期间，邓稼先最大的安慰是女儿典典从美国的来信。他将典典的信放在枕边，疼痛时便拿来一遍又一遍地念信，读着女儿那亲切的话语，疼痛就会减去许多。看着女儿的信，他耳边似乎响起了典典那稚嫩的声音：

"胖爸爸最好，带我上樱桃沟！"

"胖爸爸真坏，下棋耍赖！"

"胖爸爸……"

1975 年，典典由内蒙古生产建设兵团回到北京，在一家皮件厂当皮箱制作工。1977 年恢复高考，她白天从事繁重的体力劳动，晚上回到家来，脱去沾满污迹的工作服，从头补习中学的数理化。

开始，邓稼先领着典典去找一位物理老师给她辅导。那位老师和典典闲聊了几句，发现她连"牛顿定律"都不知道，便婉言推辞了。这时，正赶上邓稼先在北京搞一个学术会战，可以多在北京住一段时间，便决定亲自为典典辅导。

这次学术会战，整整搞了三个月的时间，每天，典典下班回家，吃罢晚饭便睡。睡到晚上 11 点，爸爸正好开会回来，她起来洗把脸，爷儿俩便开始玩命，直到天亮。父亲的一颗爱心温暖着女儿，他的智慧充实着女儿。典典的身体很弱，文化基础又差，温习功课时，有时竟昏倒在地。但是，她很有毅力，终于成功了。

三个月学完了全部中学的数学和物理。

她考取了北京医学院分校。

三年后，她又通过了"托福"考试。

她踏上了父亲曾经走过的留学美国之路。

"胖爸：我在纽约给你写信，我想你……"

邓稼先非常疼爱典典，典典也深深地热爱父亲，因为他们父女二人有一种十分酷似的气质——典典那温良的性格，宽厚的心地，专注于事业的毅力，活脱脱是邓稼先的影子！父亲总是谆谆教导女儿："老老实实做人，一步一个脚印地走路！"典典记下了，典典做到了。对于典典来说，"胖爸"是世界上最可爱的爸爸。

在美国攻读医学博士的典典回来了。7月20日清晨，邓稼先昼夜思念的女儿典典走进了他的病房。

"爸爸——！"随着一声呼唤，典典不顾一切地扑进爸爸的怀里，放声大哭起来。

"典典！"邓稼先再也控制不住自己，爆发出悲凉的呼唤和哭声。

父女二人久久地抱在一起，放声痛哭着。

多少天以来，邓稼先强忍剧痛，以安适的神情与每一个前来探视的人交谈，脸上总是挂着一丝微笑。唯有当心爱的女儿扑向他的怀抱时，他一下打开了感情的闸门。他像小孩子似的痛痛快快地哭，久久地哭着……

"稼先你看，典典从美国给你带来了许多你爱吃的东西！"许鹿希害怕稼先过于激动，连忙用话岔开。

"好多年都没这样聚在一起了！"邓稼先停止了哭泣，长长出了一口气。他安详地躺在床上，一手拉着女儿典典，一手拉着儿子平平。

看到丈夫亲切地拉着一双儿女，许鹿希眼前突然浮现出一家人游览北京樱桃沟的一幕：

——邓稼先采来一片嫩叶，刚吹响了叶笛，突然，一阵风过去，天下雨了。四下无处避雨，又没带雨具，稼先用他那高大的身躯，将典典、平平和鹿希一起搂在怀中。

阵雨过去了，邓稼先变成了落汤鸡……

她的眼前又换了一个场景：

——在碧波粼粼的游泳池里，邓稼先在教典典和平平游泳，她站在池边瞧着爷儿仨戏水。稼先像只"大白熊"，典典和平平像两条黑泥鳅。两条"泥鳅"一会儿出现在"大白熊"身前，一会儿又出现在"大白熊"的身后，爷儿仨高兴地嬉戏着，发出爽朗的笑声……

碧波消失了，"大白熊"不见。躺在病床上的邓稼先，已经变成了瘦瘦的长条，一双潭水般明亮的眼睛，如今常常紧闭着。

许鹿希心情沉痛地把脸背了过去。她害怕丈夫看见自己的泪水。

不久以前，邓稼先曾经对前来探视的挚友于敏，断断续续说了这样的话：

"躺在病床上，才明白爱情是一份契约，是一份承诺。一旦拥有了爱情，那么，生命就不再属于一个人。爱情，是一份甜蜜，也是一份痛苦。"他说，"我自己能承受任何痛苦，但却承受不住希希为我所承受的那份痛苦；我有勇气面对死亡，却没有勇气看着希希面对我的死亡。"

听着老邓躺在临终的病床上，依然在为他人着想的话语，于敏为之动容：他实实在在是一个忘我的人啊！

记者的蜂拥而至，领导人的频频探访，还有远在美国的典典的到来，不能不使他意识到：他的人生终点渐渐地逼近了。

为此，他连日来更加思念"老家"，思念"老家"的伙伴们。因为，他一生的大好年华都是在那里和他们一起度过的呀！

"'老家'来人啦！"警卫员放下电话激动地对他说。这真是一剂灵丹妙药，这个信息给邓稼先注入了一股强劲的精神力量。他那形容枯槁的脸上立即露出了甜蜜的微笑。

当九院办公室的刘树模和"辣椒"们走进病房时，他惊喜地呼唤道："你是院办的小刘！"

此刻，他的神情和话语都是那样的清清楚楚，明明白白，完全不像是个危重病人。

事实上，邓稼先在生命的最后几天里，由于眼底出血，已经看不清这个世界了，甚至包括他的妻子、儿女。但是在这一刹那，他似乎看清了当年唱着歌砍高粱的姑娘和小伙子们，当年那些向他喊饿，嚷着要他买高价饼干的那些姑娘和小伙子们。28 年过去了，如今，他们都是年过半百的人了——"红辣椒"的头顶秃了，"绿辣椒"的短发白了，"朝天椒"戴了一副深度近视镜……

他们走近病床，还像当年那样，一迭声地喊他"老邓——""老邓——"

他们带着"老家"人那颗颗滚烫的心，站在邓稼先床边，见到老院长竟然变成了这个样子，怎么也抑制不住悲痛的心情，一个个泪流满面。他们转过身去，生怕老院长看到他们的泪水。

然而，此时的邓稼先眼睛却已经看不见了。他是用一颗同样滚烫的心，体味着他们每一个人的音容。他与他们，他们与他，彼此间再熟悉不过了。

邓稼先躺在床上，面对着模模糊糊的墙壁，影影绰绰的面孔，静听着"辣椒"们的啜泣声！他却显得很平静。他在和"辣椒"们商量着回归"老家"的日期：秋天，不；冬天，不；春天，对，春天是最好的季节。他心里明白，这已是不可能的事情了，但他还是在认真地斟酌着。他是那样强烈地眷恋着"老家"，眷恋着人世；他是那样善待生命，善待人生。他那自尊、自重、坚韧、平和的品格，贯穿着他生命的全程。

7 月 28 日，是邓稼先告别"老家"的周年纪念日。这个纪念日，实在是来得太早，太冷酷了。

这天，他从昏厥状态突然睁开了眼睛，苍白消瘦的脸庞也绽出了红晕。一切似乎都恢复了正常。

他似乎感到了，这是他人生的最后一天。最后一天是极其宝贵的。他拉住鹿希的手，突然觉得几十年以来，他与鹿希相处是那样美好，包括他们共同度过的"文革"时期的苦难岁月；他觉得家中发生的一切事情都那么有趣，都对他有那么大的吸引力；他后悔与鹿希在一起的时间太短，似乎还没有一次和鹿希亲亲热热地闲聊过一个夜晚，没能淋漓尽致地向她说出自己心中的秘密；他后悔没能带着典典和平平再去一次樱桃沟……

尽管有许多遗憾，他还是认为活得很是滋润。在生命的最后一天，应当活得更真诚，更坦荡，更潇洒，更有价值。

他想坐起来，要典典在身后撑着他。他的头依在典典的怀里，嘴唇微微地颤动着。

此刻，许鹿希感觉到，一个伟大的人生终点已经出现在眼前。于是，她俯下身来问道：

"稼先，你还有什么话要说吗？"

他摇了摇头。似乎是没有什么话要说了。过了一会儿，他要说的话又想起来了。他说道：

"我死后，不要搞遗体告别，不要开追悼会，不要惊动太多的人……把我的骨灰撒在妈妈的墓地旁……妈妈是一个伟大的母亲，她给我的爱太多、太多……"

他的话没有继续说下去。这时，他的助手小胡风尘仆仆地走进病房——小胡从大山深处走来，他带来了九院向高科技发展的远景规划。

小胡要向他的院长作详细汇报，这个规划凝结着老院长的心血，展示着老院长的才智和理想啊！

然而，他的老院长已无力与他的后继者说话了。只见老院长的脸上再次浮现出一丝微笑。

这是向死神挑战的微笑。

这是向美好未来祝福的微笑。

这是向妻子和亲朋好友告慰的微笑。

就这样，邓稼先以一种独特的方式，与亲人们诀别了。他用微笑最后一次体味着生命的珍贵。这微笑，使许鹿希心灵震撼，刻骨铭心！

就这样，一个伟大的生命，眷恋着永远干不完的核事业离去了；眷恋着永远亲不够的亲人离去了；眷恋着为他所热爱的生活离去了！

时间是 1986 年 7 月 29 日下午 1 时 50 分。

 # 功勋泽人间

★★★★★

噩耗传到北戴河，传到中央工作会议的会议桌上，中央领导同志的心情都非常沉痛。

党中央决定：要追悼邓稼先，要隆重地追悼邓稼先。他一生甘做无名英雄，难道还能再用无名的仪式把他送走吗？

张爱萍将军受党中央的委托首先赶到北京。这位老将军与邓稼先相处已二十多年，友情甚笃。老将军挥泪写了下面的诗句：

踏遍戈壁共草原，

廿五年前。

群力奋战君当先，

捷音频年传。

蔑视核讹诈，

华夏创新篇。

君视名利如粪土，

许身国威壮河山。

哀君早辞世，

功勋泽人间。

1986 年 8 月 3 日下午。

邓稼先安睡在鲜花丛中。

他像是一只山鹰，飞累了，在僻静处小憩。脸上依然是一副宽厚微笑的神态。也许，小憩之后，他仍将重举双翼，直上蓝天。

悼念大厅两侧，摆满了党和国家领导人为邓稼先送来的花圈和挽联。

党和国家给予这位科学家的荣誉和敬重，是中国科学家史上前所未有的。

3 时整，万里、余秋里、钱学森等中央领导以及邓稼先的生前友好八百余人走进灵堂。

追悼会由政治局常委、书记处书记胡启立主持。

国防部长张爱萍将军眼含泪水，追念了邓稼先的功勋。他在悼词中说：

"今天，我们怀着十分沉痛的心情，深切悼念这位为我国的核武器事业，无私无畏地奉献了毕生精力的工人阶级的优秀战士、中国知识分子的杰出代表……"

"无私无畏"、"奉献了毕生精力"，这是多么确切的概括啊！他隐姓埋名 28 年，战斗在冰雪高原、戈壁大漠、野岭深山，多少次勇敢地冲向极其危险的现场，视死如归。无私奉献，完全忘我，一心为人民，不图回报，这就是邓稼先真切的人生啊！

"邓稼先同志呕心沥血，孜孜不倦地奋斗了 28 年。从原子弹氢弹原理的突破和试验成功及其武器化，到新的核武器重大原理的突破和研制试验，他都作出了重大贡献……为打破超级大国的核垄断，增强我国的国防力量，保卫世界和平作出了不可磨灭的贡献。”

老将军由于动情，声音显得哽咽："邓稼先同志在关键时刻，从不顾及个人安危，总是出现在最危险的地方，体现出身先士卒、奋不顾身、勇担风险的崇高献身精神。"

这深沉、厚重的声音，是历史的回音。一字一句都是邓稼先 28 年奋斗的脚印组成的，是邓稼先高贵品德的真切叙述。

"邓稼先同志长期忘我工作，不为名不为利，甘当无名英雄，默默无闻地奋斗了数十年。他病重时仍念念不忘国防科技事业的发展……他的名字虽然鲜为人知，但他对祖国的贡献将永载史册。"

句句悼词，像黄钟大吕轰鸣，声声叩击着人们的心扉。近千人的哀悼队伍，人人眼含热泪向邓稼先的遗体告别。人们呼唤着邓稼先的名字，似乎在呼唤着一个泣血的灵魂。

1986 年 8 月 4 日，全国各地报纸头版刊出邓稼先追悼会的报道及照片。海外报纸也以醒目标题，向全世界介绍了这位埋名 28 年的杰出科学家——两弹元勋邓稼先。英文版、法文版的《北京周报》，均以邓稼先的彩照为封面。

他的灵魂犹存，他的精神永在。他用自己的全部生命和才华，撑起了民族的脊梁，撑起了世界和平的大厦！

在九院，人们不相信他们的老院长就这样离他们而去了。他们从不愿意说出那个最不愿意提起的话题，甚至不忍心去清理老院长的办公室……

邓稼先的办公室，故物依旧，一切都在告诉人们：老院长刚刚离去，很快就要回来。半开的书橱，随意摆放的拖鞋，写字台上掀开的书，还有那些描绘未来星球大战的一叠叠剪报……这诸多故物似乎都在静静地等待着它们的主人的归来。

人们睹物思人，苦苦地等待着他们的老院长，苦苦地缅怀着老院长的过去——

1960年的三八国际妇女节，食堂给女同胞们会餐。"老邓，我们男同胞没地方吃饭了！"老院长向小伙子们一挥手："走，我请客！"

"老邓，吉祥戏院今晚是马连良的《四进士》！"他两眼放光："走，我请客！""就是没票，我也有办法。"他在人丛中转一圈，不知给人家鞠了多少躬，准能把票搞到手。

人们又看到了他的身影——

那不是他吗？他举着一块烤白薯走来了！

那不是他吗？在办公室里，他双手撑地，将腰挺平，嘴里喊着："'红辣椒'跳过去！"

那不是他吗？他和一位女工程师争着去插雷管。他坚决地说："你们还年轻，你们不能去……"女工程师急了，大声说："我们的事业不能没有你，你不能去！"他也急了，于是，他破天荒地拿出了院长的权威，说："我是院长，得听我的命令！"这大概是他唯一的一次用权威"压人"。结果，是女工程师服从了命令。

那不是他吗……

人们在实验室、在车间、在试验场，似乎一次又一次地见到了他。他使大家平添了攻关的勇气和信心，平添了智慧和力量，平添了团结和凝聚力。从而，实现了我国尖端武器研制的新胜利！

邓稼先28年的秘密行踪，在许多地方都留下了他坚实的脚印。那是他用魁梧的身躯、坚定的信念和全部心血留下的脚印。他的脚印深邃、浑厚，决不炫耀和造作。他走路总是一往无前，决不左顾右盼，决不回头张望。他的每一步都是实实在在走过去的。他留下的脚印或许已经被大漠风沙掩埋起来，但他的脚步却永远留在了那里，成为大漠荒原永恒的丰碑。

126

邓稼先的"秘密历程"就这样终结了。

邓稼先的"秘密历程"真的终结了吗?

许鹿希在给丈夫的挚友杨振宁的信中这样写道:

如果人生能有轮回,稼先还会选择这条路的。

杨振宁在写给许鹿希的信中,这样写道:

——稼先为人忠诚纯正,是我最敬爱的挚友。他的无私的精神与巨大的贡献,是你的也是我的永恒的骄傲。

——邓稼先的一生是有方向、有意识地前进的。没有彷徨,也没有矛盾。

——是的,如果稼先再次选择他的途径的话,他仍会走他已走过的道路。这是他的性格与品质。能这样估价自己一生的人不多,我们应为稼先庆幸!

笔者以为,邓稼先最亲密的朋友杨振宁先生将邓稼先生命的光彩留在了他那短短的信笺上。希望年轻人能够透过这道光环,读懂我国两弹元勋邓稼先的伟大人生的光辉历程!

1999 年 9 月 8 日,党中央、国务院、中央军委在北京召开大会,隆重表彰研制"两弹一星"的功臣,共 23 位科学家获得"两弹一星功勋奖章"……追授王淦昌、邓稼先等科学家"两弹一星功勋奖章"……

在这庆祝中华人民共和国成立 50 年之际,党和国家将这一枚由 550 克黄金铸就的"两弹一星功勋奖章"追授给邓稼先,是党和国家对邓稼先这位伟大科学家一生殚精竭虑、无私奉献的行为的最高奖赏和肯定。因为"两弹一星"的伟业,是新中国建设成就的重要象征,是中华民族的荣耀与骄傲,也是人类文明史上的一个勇攀科技高峰的空前壮举。

后 记

选择与坚守

我眼含热泪编著了研制我国原子弹、氢弹的功勋科学家邓稼先的感人事迹。他隐姓埋名28年，将自己的毕生精力无私地奉献给了祖国核武器的开创和发展事业。

核武器这种尖端技术首先是世界上经济发达的国家发展起来的，大体上经历了原子弹、氢弹、新型氢弹、核武器小型化及多种效应等四次大的突破。我国原本是个经济上不发达的国家，因为有社会主义制度的优越性，因为出现了以邓稼先为代表的这样一批敢于拼搏、富有牺牲精神的优秀的核武器专家，所以，早在20世纪80年代便实现了核武器领域的四次突破，为世人所震惊。当年主持这项工作的张爱萍将军对邓稼先评价道："邓稼先的名字虽然鲜为人知，但他对祖国的贡献将永载史册。他不愧是中华民族的好儿子，不愧是中国共产党的优秀党员，不愧是中国知识分子的优秀代表。"这是中国人民的骄傲。

本书写作中，参考了郭北甄和苏方学两位作家编著的《娃娃博士》及许鹿希、邓仲先撰写的《两弹元勋邓稼先》以及报告文学作家李培才、郑重等撰写的有关报告文学，特向上述诸位同行表示诚挚的谢意。

100位

新中国成立以来感动中国人物

丁晓兵　马万水　马永顺　马恒昌　马海德　中国女排五连冠群体

孔祥瑞　孔繁森　文花枝　方永刚　方红霄　毛岸英

王　杰　王　选　王　瑛　王乐义　王有德　王启民

王进喜　王顺友　邓平寿　邓建军　邓稼先　丛　飞

包起帆　史光柱　史来贺　叶　欣　甘远志　申纪兰

白芳礼　任长霞　刘文学　刘英俊　华罗庚　向秀丽

廷·巴特尔　许振超　达吾提·阿西木　邢燕子　吴大观

吴仁宝　吴天祥　吴金印　吴登云　宋鱼水　张　华

张云泉　张秉贵　张海迪　时传祥　李四光　李春燕

李桂林和陆建芬夫妇　李素芝　李梦桃　李登海　杨利伟

杨怀远　杨根思　苏　宁　谷文昌　邰丽华　邱少云

邱光华　邱娥国　陈景润　麦贤得　孟　泰　孟二冬

林　浩　林巧稚　林秀贞　欧阳海　罗映珍　罗健夫

罗盛教　草原英雄小姐妹　赵梦桃　钟南山　唐山十三农民

容国团　徐　虎　秦文贵　袁隆平　钱学森　常香玉

黄继光　彭加木　焦裕禄　蒋筑英　谢延信　韩素云

窦铁成　赖　宁　雷　锋　谭　彦　谭千秋　谭竹青

樊锦诗

图书在版编目（ＣＩＰ）数据

邓稼先 / 魏丛编著. -- 长春：吉林文史出版社，
2012.6（2024.5重印）
（100位新中国成立以来感动中国人物）
ISBN 978-7-5472-1103-8

Ⅰ．①邓… Ⅱ．①魏… Ⅲ．①邓稼先（1924～1986）
一生平事迹一青年读物②邓稼先（1924～1986）一生平事
迹一少年读物 Ⅳ．①K826.16-49

中国版本图书馆CIP数据核字（2012）第136003号

邓稼先

DENGJIAXIAN

编著/ 魏丛

选题策划/ 王尔立　责任编辑/ 王尔立 李洁华 马华 任玉茗

装帧设计/ 韩璘

出版发行/ 吉林文史出版社

地址/ 长春市福祉大路5788号　邮编/ 130118

电话/ 0431-81629363　传真/ 0431-86037589

印刷/ 天津海德伟业印务有限公司

版次/ 2012年8月第1版 2024年5月第5次印刷

开本/ 640mm×920mm　1/16

印张/ 9　字数/ 100千

书号/ ISBN 978-7-5472-1103-8

定价/ 29.80元

100位

新中国成立以来感动中国人物

丁晓兵　马万水　马永顺　马恒昌　马海德　中国女排五连冠群体

孔祥瑞　孔繁森　文花枝　方永刚　方红霄　毛岸英

王　杰　王　选　王　瑛　王乐义　王有德　王启民

王进喜　王顺友　邓平寿　邓建军　邓稼先　丛　飞

包起帆　史光柱　史来贺　叶　欣　甘远志　申纪兰

白芳礼　任长霞　刘文学　刘英俊　华罗庚　向秀丽

廷·巴特尔　许振超　达吾提·阿西木　邢燕子　吴大观

吴仁宝　吴天祥　吴金印　吴登云　宋鱼水　张　华

张云泉　张秉贵　张海迪　时传祥　李四光　李春燕

李桂林和陆建芬夫妇　李素芝　李梦桃　李登海　杨利伟

杨怀远　杨根思　苏　宁　谷文昌　邰丽华　邱少云

邱光华　邱娥国　陈景润　麦贤得　孟　泰　孟二冬

林　浩　林巧稚　林秀贞　欧阳海　罗映珍　罗健夫

罗盛教　草原英雄小姐妹　赵梦桃　钟南山　唐山十三农民

容国团　徐　虎　秦文贵　袁隆平　钱学森　常香玉

黄继光　彭加木　焦裕禄　蒋筑英　谢延信　韩素云

窦铁成　赖　宁　雷　锋　谭　彦　谭千秋　谭竹青

樊锦诗

图书在版编目（CIP）数据

邓稼先 / 魏丛编著. -- 长春 ：吉林文史出版社，
2012.6（2024.5重印）
（100位新中国成立以来感动中国人物）
ISBN 978-7-5472-1103-8

Ⅰ．①邓… Ⅱ．①魏… Ⅲ．①邓稼先（1924～1986）
—生平事迹—青年读物②邓稼先（1924～1986）—生平事
迹—少年读物 Ⅳ．①K826.16-49

中国版本图书馆CIP数据核字(2012)第136003号

邓稼先

DENGJIAXIAN

编著/ 魏丛

选题策划/ 王尔立　责任编辑/ 王尔立 李洁华 马华 任玉茗

装帧设计/ 韩璘

出版发行/ 吉林文史出版社

地址/ 长春市福祉大路5788号　邮编/ 130118

电话/ 0431-81629363　传真/ 0431-86037589

印刷/ 天津海德伟业印务有限公司

版次/ 2012年8月第1版 2024年5月第5次印刷

开本/ 640mm×920mm　1/16

印张/ 9　字数/ 100千

书号/ ISBN 978-7-5472-1103-8

定价/ 29.80元